每一天，只要比昨天多用功5分鐘就好

朴成赫 著

林侑毅 譯

首爾、延世大學學霸，

撼動 45 萬韓國學子的反敗為勝讀書心法

目次

PART 2 堅定內心的瞬間，學習變得有趣

PART 3 鍛鍊內心的瞬間，學習變得有趣 115

PART 4 固守內心的瞬間，學習變得有趣

前言　學習變有趣的瞬間，痛快又刺激！

叮咚！

歡迎來到《每一天，只要比昨天多用功5分鐘就好》。在這裡你會發現學習從無趣變得好有趣的祕訣。不過，如果你覺得學習有趣又開心，天天都像活在閃亮的天堂裡，或者你清楚知道學習的「原因」和「意義」，一點也不覺得學習痛苦，現在就可以闔上這本書了。

但是，如果你曾經因為學習感到痛苦，或者非讀書不可了，卻怎麼也靜不下心來，急得不知道該如何是好，又或者發自內心討厭學習，只想逃避，哪怕這些經驗只有一次，我都希望你能透過這本書，獲得享受學習、盡情學習的方法。

不必時時刻刻勉強自己投入討厭的學習，也不必被學習壓得喘不過氣，卻不知道自己為什麼學習。我想邀請你一起沉迷於這「甜蜜可口的學習」，並且大喊「學習真的太有趣了！」

《每一天，只要比昨天多用功5分鐘就好》一書，介紹的是再簡單不過的道理。學習不是靠「頭腦」，靠的是「心態」，所以如果想透過學習創造驚人的奇蹟，就必須把重點放在持續反省自己的內心。只要有心學習，就算沒有人催促，也會對「學習的樂趣」深深著迷，這是理所當然的。自從明白這個道理後，我的人生出現了驚人且快速的轉變，而且是令人難以置信的轉變。這一切只源於一個「心態」的改變。但是這個道理不是我發現的，古時候就已經存在了。

心不在焉，視而不見，聽而不聞。

兩千五百年前，寫下《大學》一書的學習高手們，已經像這樣精準洞見「心態」的重要性了。不得已坐在書桌前，不情願地呆呆盯著書本（視），不算是真正的看書（見）；老師的教導不經意傳入耳朵（聽），不算是真正的聽課（聞）。如果沒有心，就算坐在書桌前十個小時，也不算學習。學習需要的是真正進取的「心態」。

現在請回想過去「學習效果最差的時候」。大多是因為注意力被不重要的事情吸引，因為內心抗拒學習而感到厭煩，因為內心深感無力又疲乏，因為學習沒有絲毫讓人悸動的緊張感，因為忙著抱怨或抒發不滿，因為自我感覺良好，因為翻開書本就覺得反胃，因為忙著妄自菲薄，因為決心和鬥志像洩氣的氣球一點一滴流失，因為沒有任何想學習的動力……。越是回想過去，答案越明顯，都是因為「亂糟糟的心」。

反過來回想過去「學習效果最好的時候」吧。都是「內心沉穩」，不受外在影響或動搖的時候；或是「內心純淨」，沒有一絲雜念的時候；又或是「內心鎮定」，不會搖擺或猶疑不定的時候，這都要感謝「淡定的心」。

只要好好練習，任何人都能堅定自己的內心。具體的方法，就是仔細思考自己學習的「原因」和學習的「意義」。

現在的學習，是我人生中不可或缺的嗎？
該怎麼做，才能讀得開心又有趣？
要想過上自己夢寐以求的生活，現在該做什麼才好？

我相信只要認真思考「學習的原因」，任何人肯定都會堅定「學習的心」。

所以我在這本書的字裡行間，加入了各種需要為「用心」學習認真思考的主題，另外也安插了許多「溫暖的祝福」，作為讀者在疲勞困頓時的慰藉。我想和各位敞開心房，聊聊任何人都可能感受過、經歷過、煩惱過的事情。

在讀書中途的空檔，不妨用最舒服的姿勢翻開這本書。但是請不要一口氣讀完，讀完一個章節後，請立刻闔上書本。一次閱讀一個主題就好。這麼一來，才有充裕的時間思考自己「學習的原因」。利用這段時間，找出最適合自己的「學習的心」吧。請不要因為麻煩而囫圇吞棗，閱讀過程中一定要放進「自己的想法」。如果能和家人或朋友一起閱讀，互相分享心得，那是最好的。

因為想要幫助各位的欲望實在太強烈，寫到後來好像脫離了自己的本意，變成要各位做這個做那個的牢騷。請各位多多體諒，把我看作是愛之深，責之切的大哥哥或爸爸在嘮叨就好。我是真心希望你們都好好的，所以才會像機關槍一樣，不厭其煩地耳提面命。

在這本書中，我一度猶豫要不要寫下自己的故事。坦白說，過去做錯的事我很慚愧，了不起的事我也羞於啟齒，所以我想盡可能隱瞞這些事。而且比起已經學會的，我還有更多需要學習的，這樣「才疏學淺」的我，卻要對學習大談闊論，確實也讓我心生怯意。儘管能力有限，但是我更期待自己「最真實的經驗」和「一路走來的心得」，能夠成為一簇人生中最適合讀書的日子，就是今天微弱的火苗，激勵某人「學習的心」，從而感受到學習的樂趣，因此才鼓起勇氣動筆。

對於「如何」學習，我沒有什麼好說的。我從小在四面環山的海邊小鎮學習，沒有「獨門祕訣」，也沒有「了不起的方法」。有的只是如何堅定內心、鍛鍊內心、固守內心的想法和大澈大悟的決心，以及非實現夢想與目標不可的迫切感。我不顧一切地挖掘學習的「原因」和學習的「意義」。令人驚訝的是，光是這樣的努力，學習就足以變得有趣了。不需要其他條件或特別的祕訣，只要有心就可以。

所以我在這本書裡，不談「如何」學習，而是「為什麼」學習。其實只要知道「為什麼」學習，自然而然就會找到「如何」學習的答案了。

世界上所有事情都取決於決心，尤其學習更是如此。更進一步來說，我親身嘗試過的學習，「完全」取決於決心。

學問之道無他，求其放心而已矣。

——孟子

堅定內心、鍛鍊內心、固守內心，這三點或許就能涵蓋學習這件事了。好，就讓我們一起出發，迎向那痛快又刺激的、「學習變有趣的瞬間」吧。在這之前，得先從稍微沉重的話題開始。

PART 1

我想認真告訴你們

學習最重要的是心態。學習效果好，得感謝內心；學習效果差，也是因為內心。堅定內心、鍛鍊內心、固守內心，這三點或許就能涵蓋學習這件事了。只要固守學習的心態，你將會天天感嘆「學習竟然這麼有趣！」而且不久之後，驚人的奇蹟必將在你的眼前展開。現在就開始經營「學習變有趣的瞬間」吧，這個瞬間終將會降臨在我們的身上。

01 太晚了？不，還不晚！

你生來不是要變得渺小的，而是要成長壯大的。

——美國影視名人歐普拉（Oprah Winfrey）

輸家浪費精力在猶豫，贏家做事自信且毫不猶豫。

——德國詩人卡爾・克勞斯（Karl Kraus）

知道韓國學生「最常問的問題第一名」是什麼嗎？答案是「現在才開始讀書，會不會太晚了？」學習諮詢專家指出，發問人的年齡層也相當廣，從稚嫩的七年級學生開始，到高中剛入學的慘綠少年，甚至是大考進入倒數一百天的重考生，所有人都有同樣的疑問。

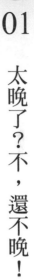

正巧在這時，幾乎所有網路論壇和部落格留言板都出現類似的問題。數百萬名憂心忡忡的學生，正戰戰兢兢地提出這樣的問題，就連現在這一刻也是。

「我是〇年級的學生，想要進〇〇學校。現在才開始讀書，會不會太晚了？」

太晚了

底下有這些留言：「聽說有人很晚才開始，還是逆轉勝啊。」「只要有心，一定可以！」「人家說『覺得太晚的人，其實是最早開始的人』。」所有留言都少不了這句：「加油，fighting！」

都是謊話！

這些安慰就像越喝越渴的海水，這麼不負責任的話連留言的人和提問的人都不相信。反正他們又不是真的好奇才問的，只是在等有人說出自己想聽的話而已。「快說謊話給我聽！說我還不算太晚。我只想要好聽的安慰！」

我們一再抗拒進入學習的狀態，害怕反省自己，所以希望有人跳出來安撫一下我們焦急憂慮的心。一直以來都是這樣。

我們害怕面對「太晚了」的事實，討厭看到狼狽的自己，不想得到痛徹心腑的領悟，而且明知道自己過不了多久，一定會像反覆記號一樣再度懶散、怠惰，明知道這次一樣會不了了之，卻假裝不認識自己，繼續問同樣的問題。

其實我們心裡有數，最清楚這個事實的不會是別人，而是自己。事實就是「太晚了」。我們心裡不停浮現不祥的預感，這讓我們在無形之中猶豫不決，急著想抓住某個人好好問問。即便是謊話也無妨。當然，就算再怎麼問，我們也不會相信那樣的謊話。我們心知肚明，「自己太晚開始了」。游刃有餘的人，毫不在意自己是不是太晚開始，也不會因此感到不安。會問「是不是太晚開始了？」，就是意識到自己已經晚了的最佳證明。沒錯，一切都太晚了。

「這都是我的錯。」其他同學撐著雙眼熬夜苦讀的時候，我們卻沒有那樣努力學習。他們忙著反省自己、督促自己，繼續往前邁進，我們卻因為躊躇和猶豫而浪費了寶貴的時間。在錯失無數機會的同時，我們也忽視了腳踏實地努力的價值。做事「馬馬虎虎」、「敷衍了事」、「得過且過」的不是別人，正是我們自己。今天的結果，都是我們自己造成的。請看看他們和我們之間巨大的差異。如果這樣的差異輕易就能反轉，那一定是犯規。這個差異絕對不可能輕而易舉超越。

在他們和我們之間，永遠存在「進度落差」。就算我們從今天開始讀書，現在準備要讀的內容，他們早已讀得滾瓜爛熟。我們只能在後面追趕得氣喘吁吁。再說我們讀書的時候，他們也不可能停下來等我們。他們已經早我們一步、五步甚至是十步，開始學習新的內容了。我們落在後頭，現在才正要綁緊鞋帶，競爭對手已經跑在遙遠的那一方了。這種「進度落差」一旦形成，想要追上對方，必定是難上加難。

但是和「實力落差」相比，這種「進度落差」便顯得微不足道。「實力落差」才是最嚴重的問題。我們的一小時不等於他們的一小時，我們一個小時沒辦法像他們一樣讀進那麼多書。因為我們缺乏「學習經驗」。可是他們不同，他們習慣一坐下來立刻進入長時間的沉浸狀態，連聽課和掌握重點的能力也高人一等。他們到底是怎麼辦到的？可以那樣精準抓出重點，又能一眼看破題目，快速解題。經驗能讓人發揮出驚人的實力，所以他們不但跑得比我們還前面，速度還比我們快。我們無法像他們跑得一樣快。即使速度快到像子彈一樣，這中間的落差也幾乎難以逆轉。

「分數落差」也不容小覷，因為輸贏一切由「分數」決定。我們還有很多分數要追，想要拿到或者必須拿到的分數非常高。可是現在我們的分數，還遠遠追不上那樣的目標。我們心裡有數，知道自己還在為落後的進度掙扎，即使是同樣的一小時，也沒辦法像他們一樣妥善運用。這樣的我想要逆轉「分數」，簡直難如登天。從一些微小的習慣，到迎戰考試的技巧，各方面都遠遠落後他們太多。越是計較這些落差，越覺得這場遊戲對自己不利。

要我多少說些好話，或是敷衍地給你們「拍拍」，我辦不到。我不想說謊。就算能追平「分數落差」，「進度落差」和「實力落差」也會扯你的後腿。再怎麼「照自己的方式」努力，也不會有好的表現。放棄吧。這麼說很抱歉，你已經太晚了。

不，還不晚！

方法還是有的。這唯一的方法，就是不管「分數落差」、「實力落差」還是「進度落差」，我都要盡全力克服一切的覺悟。這個覺悟也正是把路上的障礙物通通清除，讓自己重新振作的「幹勁」。只要抱持勇往直前的熱忱、源源不絕的堅持，一路披荊斬棘，就一定能贏得勝利。沒錯，唯一的突破口就在「我的內心」。

有件事任何人都不知道，只有我們最清楚，那就是我們內在蠢蠢欲動、像活火山一樣燒得滾燙的「可能性」。因為還沒有在別人面前表現出來，所以只有我們知道自己可以衝得多遠，可以表現得多耀眼，可以完成多麼困難的挑戰，但是別人什麼都不知道。把那樣被禁錮在自己心中的「真正的我」，表現給全世界看吧！給準備好的「真正的我」，一個盡情大顯身手的機會吧！明明是那樣強大的力量，卻從沒有發揮出來，就這樣悄悄熄滅、沉寂，不覺得太可惜了嗎？那樣不會對自己太抱歉了嗎？

是啊，他們是比我們跑得還前面。所以那又怎樣？在努力奔跑的過程中，不小心滑倒磨破的膝蓋，又怎麼樣？有時候遭遇挫折，有時候傷心難過，那又如何？拍拍身體，站起來繼續向前衝就好了。那些傷口，才會讓我們變得更加強大。為什麼要為那些微不足道的原因裹足不前？不到最後一刻，永遠不算結束。因為太晚了，因為落後了，整個人變得焦急不安，才是大錯特錯。用盡全力衝刺到最後的人，有誰贏得過他們嗎？相信自己一定會贏得勝利。

這裡有一點千萬不能忘記，學習的本質不在於「競爭」，而是「成長」。其他同學是否考贏我，並不那麼重要。我們有沒有在這一連串的過程中「自我成長」，才是最重要的。所以追究「會不會太晚」，不覺得太荒謬了嗎？對我們來說，最重要的只有「是否最終成就了理想的自己」。

別躲在薄弱的藉口後面，也別抓著無謂的安慰不放，閉上眼睛，咬緊牙關，用盡全力去衝撞看看吧！不要連嘗試都「不肯」，卻騙自己「不行」，使出自己全身的力量吧，你絕對不是卑鄙的騙子。

其實我們都知道，自己為什麼會問「是不是太晚了？」，卻又感到害怕；是什麼束縛了自己，讓自己的學習遲遲無法前進；應該改掉哪些習慣，克服什麼樣的心魔，自己才能奮力向前衝，這些答案我們再清楚不過。如果還像過去那樣，「照自己的方式」付出差強人意的努力，成功依然是天方夜譚。如果是那樣，那真的太晚了。乾脆放棄比較好。

但是，如果你希望人生瀟灑走一回，希望搖醒內在沉睡的「真正的我」，請勇敢丟出戰帖。如果你想見證最棒的自己創造的驚人奇蹟，實現自己夢寐以求的生活，就請你直面「人生的第一道關卡」，並且嘗試突破。

你還沒有真正發揮過全部的力量吧？你還沒有用盡全力到能宣稱自己「沒辦法再更努力了」的程度吧？你還留了一手，沒有使出全力吧？到目前為止，你還沒有把自己真正榨乾，直到再也使不出任何精力，擠不出一絲時間，拿不出任何一丁點熱情吧？

不必在意遠遠將我們拋在身後的競爭對手。別羨慕「別人的東西」，拿出自己「內在已經有的東西」，發揮自己還沒有全部用上的「潛力」吧。光是那樣，就絕對足夠成為最好的自己。阻礙我們的不是競爭對手，而是我們自己。當我們真正開始發揮自己所有力量的瞬間，任何人事物都阻止不了我們。沒有完全釋放自己的力量，卻找一堆藉口辯解，只是「無病呻吟」。曾經超越、戰勝自我的人，哪怕只有一次，都將更加強大。他們從中獲得更堅定的意志，看待人生的態度也就此改變。

只要你有一坐下來，可以幾個小時不動的徹底覺悟；繃緊神經時，可以聽到心臟跳動聲響的緊張感；面對陌生的內容，肯打破砂鍋問到底的堅持；願意完全戒除壞習慣的果決；讓每分每秒過得充實的迫切感，那麼從現在起，成績單之類的都只是沒有意義的「一張紙」，除此之外什麼都不是。這個還沒有被世界看見的，只有我們自己才知道的內在可能性，千萬別輕易破壞。對於我們內在「真正的我」而言，沒有什麼克服不了的絕望。讓內在潛力就此被埋沒的自己，才是真正的「壞蛋」。

現在還不晚。真正用心的人，最後必將強大。內心的力量超越一切。只要帶著滿腔熱血，所有困難都能克服。絕對不要放棄。只要不放棄，一切都還不晚。

✦十五歲的我，還只是幼稚園學生的程度

這麼說很丟臉，我以前完全無心念書。如果要從一個人一天做了哪些事情，來決定他的職業的話，國中階段的我會有五種職業。無論上課、下課時間，所有精力都消耗在玩耍的我，可以是「玩咖（Player）」；每天睡覺超過十個小時，隨時隨地都在睡的我，可以是「瞌睡蟲（Sleeper）」；每天平均看兩個小時電視的我，可以是「觀眾」；熬夜玩網路遊戲，玩到兩

眼充血變紅的我，可以是「遊戲玩家（Gamer）」；網路上所有網漫全都看過一輪的我，可以是「網漫迷」。

我本來不是讀書的料。與其說我是國中生，不如說我是玩咖、瞌睡蟲、觀眾、遊戲玩家、網漫迷。坦白說，那些都曾是我的職業。我雖然是學生，卻不算真正的學生。雖然穿著制服坐在書桌前，實際上卻沒在讀書。那段時間，我只是在不被大人發現的前提下遊手好閒，讓寶貴的時間全都浪費在「無謂」的事情上。對學習的心態或對人生的態度，完全停留在「幼稚園學生」的程度。

即使是毫無意義的事情，也有程度之分。我最常做的，就是其中最沒有意義、最廢的事情，我抓過在教室飛的蒼蠅，用線綁住蒼蠅腳，每天餵蒼蠅吃東西，或是在下雨天到學校頂樓，摺紙船放到積水的小水窪，這些事情對我來說猶如家常便飯。也曾經和好朋友坐同桌，假裝認真聽課，其實從早上第一節課開始，就用美工刀盡可能把兩本數學課本切到最碎，等到放學的時候，紙屑已經將書包塞得鼓鼓的了。有一次偶然間捏破氣泡紙，覺得繼續坐著也無聊，和朋友決定好好玩玩氣泡紙，最後走了一小時到氣泡紙專賣店。我們付錢買了好幾捆可以捏上萬次的氣泡紙，滿滿抱在手上，心滿意足地笑著走回家，那樣的景象至今依然忘不了。接著從隔天開始，每到上課時間，總要用人拇指偷偷捏爆每一個氣泡。那個時候雖然做了很多無謂的事情，卻又立刻覺得無聊、空虛。

即便如此，我也沒有一絲一毫「非讀書不可」的想法。我的讀書只是煞有介事地假裝給別人看而已，坦白說一個月的讀書時間連一個小時都不到。媽媽肯定不知道，因為我會乖乖坐著。坐著發呆這點，我還算有些資質。一年三百六十五天，我讀書的時間加起來只有十天左右，而且大多集中在考試前幾天。

大家都要我讀書，可是那些話對我來說就像空談，我感受不到未來的急迫性。我不知道究竟為什麼要讀書，讀書有什麼意義。然而就算不讀書，我也沒辦法玩得盡興，內心也不會感到輕鬆，無論再怎麼玩、在哪裡玩、什麼時候玩，我總是甩不開難以形容的不安感，心情就像欠債跑路的人一樣。只有逃避自己的義務，整天躲躲藏藏的人，才會有這種畏縮的感覺吧？因為對自己有愧，所以沒辦法抬頭挺胸，只能畏首畏尾。

我是這樣虛度光陰的。平常過著麻木不仁的生活，讀書只是偶爾敷衍了事，任何事情都是混水摸魚，草草了事。就像沒有明天的蜉蝣一樣，過著無足輕重的生活。本該認真為人生做好準備的「人生黃金期」，我的人生卻逐漸黯然失色，好比一艘緩緩下沉的小船。上課時間也好，自習時間也罷，我的身體雖然在教室，卻只是一具空殼，整顆心都在教室外。我就像觀賞足球比賽的觀眾一樣，坐在教室最後面的位置上，失魂地看著班上朋友。我這個本該在球場上奔馳，揮灑汗水的足球員，卻丟掉足球鞋，在觀眾席上呆呆坐著。我只是一個身體到了足球場，卻沒有參加比賽，全程袖手旁觀的足球員。

老師們說得口沫橫飛的模樣、朋友們看似聽懂的點頭、所有人忽然一起翻頁的聲音、開懷的笑聲、沙沙作響的鉛筆聲、所有人異口同聲的「謝謝老師」，還有廣播傳出的鐘聲。而我只是來國中教室參觀的「幼稚園學生」。

✦曾以為我的人生已經無藥可救

我看待世界的眼光也有些扭曲。對我而言，明明每一天都毫無意義，大人卻活得那麼認真。甚至在路上遇到的同社區大哥哥、大姊姊，在我眼中都是太過努力學習的人。我把那樣努力生活的人，看作是可笑的行為，這真是傲慢的想法。我連他們付出的努力都不屑一顧。

「反正都是沒有意義的事情，何必那麼認真面對？差不多就好了吧！」我把這樣冷漠的態度，誤以為是很酷的、很了不起的。其實我只是害怕熱血沸騰而已。我表面看來冷酷，內心卻是「膽小鬼」。世界是那樣忙碌地運轉，只有我一個人被排除在外。所以我有時會想：「我是不是這個世界可有可無的人啊？」我從未期待過明天的自己，會過得比今天的自己更好。可是這樣繼續下去，我也不覺得幸福。我對自己越來越不滿意，每天過著毫無意義的生活。

即便如此，我也不願意真正跳進學習的世界。或許是我從未好好思考過自己的人生，所以每一個瞬間，我都只想選擇最不麻煩、最能刺激感官的事情。對我而言，讀書是最麻煩、最無趣的事情，所以我盡可能不去碰觸讀書。就像走進煙霧裊裊的三溫暖，努力憋氣一樣，讀書只能強迫自己忍耐，沒有任何理由，是「世界上最笨的苦差事」。

在那樣無可奈何的情況下，我心中對學習的錯誤想法有如蝨子般頑強。「讀書根本沒有用，不用看得太認真。」雖說如此，我依然對學習抱持深深的恐懼，未曾有和學習正面對決的念頭。然而在我心中，卻又有一絲模糊不清的感覺。「要是哪天我開始讀書了，之前的過錯應該還是可以挽救的吧？所以也沒必要急著讀書啊。」這兩個絕對不可能同時存在的矛盾想法，竟同時出現在我的心中。這不僅是因為我從沒有認真思考過什麼是學習，更是因為長期以來厭惡學習。於是我離學習越來越遠，只是一個人原地打轉，從未進入學習之中。每到上課，我總是光明正大的趴著睡覺；交作業的時候，忙著抄別人的答案，對別人要我讀書的嘮叨充耳不聞。

在只有十五歲的年紀，我已經覺得自己的人生「無藥可救」了。「人生沒救了」、「已經晚了」、「人生沒希望了」，腦袋裡全是這種想法。明明人生都還沒有開始，明明把八十歲的人生折半再折半，也都還不到的十五歲小鬼，心裡的皺紋卻比七十歲的老爺爺還多。

「我的人生已經完蛋。」

現在回想起來，不過是無病呻吟到讓人苦笑的廢話而已，但是那時的我卻對此堅信不疑，說來真丟臉。我滿腦子想著「我的人生就是注定失敗的遊戲吧？」「反正已經完蛋了，再怎麼努力也沒用。」「唉唷，船到橋頭自然直。」這些可能只是藉口，也可能只是我不相信自己而已，但是不幸的是，那時候的我什麼也不明白。

◆腦袋快要裂開的衝擊

對於從未想要念書的我來說，我的學校就是天堂。那是一所非常迷你的鄉下國中，一個學年的學生也就二十人左右。期中考、期末考前一天，老師們一定會將隔天的考試題目事先印給所有人。甚至還好心地把答案都填了上去。也許是因為學生們不愛讀書，想說至少這樣也能達到一點學習效果，才那麼做的吧。不過正所謂道高一尺，魔高一丈。

我們取巧的方式，就是把第一題答案多少，第二題答案多少全部背下來。即使科目不同，應付的方法也都相同。就算拿到隔天要考的考卷，也絕對不會去讀國文科題目或英文科題目，而是用紅色色鉛筆寫出大大的答案，一題一題接著背下來。即便如此，每個人的成績也不盡相同，不是所有人都拿到一百分。因為包括我在內，多數學生連事先發下的考卷也沒有好好準備。

某一天，班導師一邊發成績單，一邊嘆氣，接著問全班同學：「有沒有人課後想留校讀書，就算一天只有一小時也好。舉起手讓我看一下。」沒有一個學生舉手。雖然還是有幾位上課還算認真的同學，不過我不算在內。對我而言，不必碰那些令人討厭的書也沒關係的學校，簡直就是天堂，生活越來越麻木。

我在天堂般的學校做盡各種無謂的事情，日子得過且過。每一天既沒有非常開心，也不算太過無聊。然而就在我十五歲的秋天，心中某個角落忽然出現「突變」的聲音。「咦，這樣是對的嗎？」好比發生火災，警報器發出擾人的聲音一樣，我的內心響起了「危險警報」。這也許是所有人都曾經歷過的青春期作祟，也可能是無藥可醫的「中二病」作祟。不過無論如何，最重要的是我的內心向我發出這樣的訊號：「我在這裡！也照顧一下我吧！」至今從沒對任何事情認真、深入思考的我，自然對內心發出的聲音感到慌張，也出現了一絲奇妙的感覺。

一開始程度還算輕，身體有些無力，覺得「每天玩的遊戲都一樣，但是也沒什麼該做的事情，有點厭倦了」，做那些無謂的事情也稍稍失去了樂趣。就像輕微感冒一樣。我以為過幾天就會好了，不料絲毫沒有好轉。經過了幾天，心裡的煩惱反倒更加強烈。

我每天都在反覆無常的情緒中度過，第一天可能是後悔的心情如潮水般湧來。「唉，我以後要靠什麼生活啊？國小的時候，明明覺得什麼事情我都能辦得到的呀。」第二天則是深深的絕望，「我的人生也就這樣平凡無奇了。」第三天卻想起身反抗，「我不要這樣！我的人生才不要過得那麼平凡！」原以為自己的心像冰山一樣永遠凍結了，想不到這時竟開始出現裂痕，伴隨著吱吱作響的聲音緩緩裂開。

這時內心「突變」的聲音忽然響起，「可是你現在在做什麼？」我對這句話毫無招架，覺得大腦瞬間一片空白。於是原本緩緩出現裂痕的內心，就在這樣的衝擊下，轟隆一聲化為粉末，碎裂開來。我就像被榔頭敲擊一樣，淚水在眼眶裡打轉，全身也像力氣耗盡一樣感到空虛、煩躁，想逃離這一切。再怎麼努力清空大腦，抹去「突變」的聲音，已經化為粉末的內心反倒凝聚成一個更強烈的想法。

「你現在在做什麼？」

這是我有生以來，第一次那麼認真思考，想到腦袋快要裂開。心裡有種難以言喻的鬱悶感，吃飯變得食之無味，夜晚躺在床上也無法入眠。那些要我好好讀書的嘮叨，過去只是左耳進，右耳出，現在卻深深扎入心裡，整天迴繞在我耳邊；而我過去遊手好閒、無所事事的模樣，也在腦中根深柢固，怎麼也擺脫不了。

我在五歲、十歲或十五歲的現在所做的「好事」，都已經成為過去，可是在同樣的時間裡，其他人卻一點一滴地成長，所以從結果來看，我並不是在原地打轉，而是慢慢被其他人甩在後面。只是我自己沒有意識到這件事而已。但是我沒有什麼好委屈的，因為我活到現在，從沒認真去做過任何一件事，也從未認真思考過我的人生。雖然對自己並不滿意，不過也沒有因此下定決心要改變什麼。所以越來越不知所措。

經過一個星期的嘆氣和煩惱，某次學校下課時間，我去洗手台想洗把臉，順便讓腦袋冷靜一下。站在鏡子面前，我對鏡子裡映照出的自己感到無比失望，又覺得自己實在悲慘。這時，我的心底忽然冒出一個聲音：「我要跟這個傢伙過一輩子了吧。」這句話的確是事實，但是我不要，我不要和他在一起。我甚至打起主意，想找個更可靠、更正常的人來代替「他」。這樣的衝擊讓我「腦袋快要裂開」。

我再也無法相信自己。無法相信那個時時刻刻只想享樂的自己，那個遇到該做的事情，只會找藉口悄悄溜走的自己，那個每一天都過得不快樂的自己。我可是從小到大目睹了自己對學習不屑一顧的「態度」呀。我一邊用冷水洗臉，一邊重新回想，真的是因為太了解自己，所以更無法相信自己。在應該好好讀書的這一刻，我只是袖手旁觀，不正代表我未來的人生也只會袖手旁觀嗎？面對這樣輕易自我放棄的人，我該怎麼相信他，跟他共度一生？真叫人茫然。洗完臉，我抬起頭，看著鏡中水珠不斷滑落的臉，心中「突變」的聲音再次悄悄出現，向我問道：

「可是你現在在做什麼？」

我至今依然清楚記得，那天等到學校放學後，我一鼓作氣跑回家，一邊大口大口喘氣，一邊央求父親：

「爸爸，帶我去書局！」

聽到我沒來由說出這句話，父親只是眨了眨眼。隨後我上了父親的車，去到三十分鐘車程外的小鎮書店，把眼前的題本全部買了下來。接著我和父親雙手抱著滿滿一疊書，心滿意足地走出書店大門。回家的路上，我們開懷大笑，窗外下起了第一場初雪。這場雪下得又大又急，不似一般綿綿初雪。我激動地看著汽車窗外，心裡暗自下定決心。

「我要讓自己成為可以信賴的人！」

✦在好不容易出現的決心消失之前

我取出買回來的題本，攤開在房間地板上。有五年級、六年級數學題本，每學期五本，共二十本，還有七年級國文、英文題本。看著這些題本，不禁嘆了一口氣，剛才的「滿腔熱血」似乎熄滅了一半。眼看著讀完九年級，我就要升上高中了，但是已經太久沒有讀書，丟臉是丟臉，也只能重拾學弟妹們正在學習的書本。不過不做還好，既然要讀書，就別猶豫不決，果斷去做吧。然而在這樣的決心下，難免有一絲茫然和憂慮，如雨中落葉般在空中飄揚。

儘管如此，我還是發下豪語：「先寫幾題看看，就當作測驗吧。」然而寫不到一個小時，原本心中的茫然和憂慮不知不覺間轉變為絕望和失落。寫數學題目的時候，連「分數乘法」、「求圓面積」，都搞不清楚；甚至每讀完一頁國文科題目，不知道什麼意思的生詞就有十個左右。英文更慘烈。明明是七年級的英文書，我只知道「黑色的是文字，白色的是紙張」。英文題目每一行認識的單字只有一到二個左右，不懂「be 動詞的現在式是 am, are, is」，究竟是什麼意思……。頭痛得不行，整個人陷入恍惚的狀態。

再這樣失魂落魄下去，好不容易出現的決心肯定會消失殆盡。所以我幾乎是吃了秤砣鐵了心，寫了一張大大的「我還不晚」，貼在書桌前。好不容易下定決心，當然要這樣表示一下，不過這也是因為擔心自己再次回到鏡中的自己，那個「令人失望透頂的自己」。當然，現在才開始讀其他人早已學過的內容，既讓人顏面無光，也不免擔憂。即便如此，我也想試試看。我想好好挽救已經崩塌許久、孤零零被丟在一旁的「自尊」。我想和絕望、挫折來一場正面對決。

接下來的幾天，我的腦袋裡不斷「重播」著這樣的畫面。畫面中有一位忽然向發呆的我問話的老人，還有吃驚地回答問題的我。我莫名其妙被這位老人纏上，隨口敷衍老人發出的一連串問題，最後總會出現這個問題：「所以你的夢想是什麼？」我被問得啞口無言，耳朵漲紅，這位老人卻發出嘖嘖的聲音，用一副無可救藥的表情打量著我，接著便是一句「你這傢伙，年輕人要有夢想才行啊！」甚至聳了聳肩，像是表達我的可悲。每當這個畫面重播時，我總感到一陣天旋地轉，滿腹委屈。雖然我想揮出握緊的拳頭，大聲吼叫，最後還是只能默默吞下。

我怎麼可能會沒有夢想？我也有夢想！想成為的人、想做的事、想擁有的東西、想活得精采的夢想，這些我怎麼可能一個都沒有？我也有夢想！只是我沒有說出來而已。我也知道就算我說出來，旁人已經不會覺得我可憐了，而是用看待瘋子的目光打量我，因為我親身經歷過。這是當然的吧，像我這樣「差勁的學生」，根本不配也不適合擁有那樣「了不起的夢想」，那是癡人說夢。就算我反駁，他們也會以為我無理取鬧，忍不住嘲笑我吧。所以我決定放棄夢想，早早收起一個一個的夢想，並且把這些夢想埋在心裡。

可是我絕不是沒有夢想。我也有，雖然現在沒辦法具體說出來。我只是因為錯過了學習，目前還看不見進場的時機，只是因為現階段不夠強大，還有些惰性，只是因為猶豫不決而一拖再拖，所以沒辦法理直氣壯說出我的夢想，但是我絕不是一個夢想也沒有的傢伙！我只是因為模擬考考了三十分、五十分，成績不好才沒有信心，但是我依然懷有夢想！

我也想要嘗試信心的滋味。在我的決心消失之前，雖然晚了別人一步，我也要盡快迎頭趕上！

✦滿腦子只有「我要試試看！」的念頭

接著就是正式學習了。從我出生一來，這是第一次回到家後，立刻坐在書桌前。我也沒有什麼有效的學習方法或計畫表，滿腦子只有「我要試試看！」的念頭，管它三七二十一。我曾經不惜用三到四個小時解開一道數學題，寫到懷疑人生；也曾經因為一個英文單字背不起來，只好用最笨的方法抄寫一百遍，直到背起來為止。如今回想起來，真想掐死自己，那樣的學習「愚笨至極」、「毫無效率」，但是至少開始做一件事情的踏實感，卻是令人難忘的。

決定好好讀書後，我認認真真地坐下來，擬定了幾個幼稚的「目標」。

第一，我要讀書讀到流鼻血，但是不能挖鼻屎。

第二，我要聽到爸爸、媽媽拜託我說：「兒子，別再讀書了，我拜託你去睡一下！」

還有最重要的是，一步步減少「無謂」的事情。

這幾個目標不但小裡小氣，甚至混進了可能跟讀書毫無關聯的目標，不過至少是有趣的。第一次讀到流鼻血那天，我根本沒時間用衛生紙塞住鼻孔，忙著拍鼻血流下的自拍，一心想著「我一定要跟別人炫耀」；凌晨起床上廁所的父親，對我說「明天還要上學，早點睡吧」的時候，雖然還不到我設定的「兒子拜託你去睡覺」的目標，不過我心裡非常開心，興奮得不知該如何是好。那段時間，我更在意讀書的「樣子」。

至於減少「無謂」的事情，這個目標後來有非常大的幫助。這當然是最難實現的目標，習慣成自然，是最讓人害怕的，即使下了天大的決心，只要稍有鬆懈，立刻故態復萌。我一開始的目標，是逐漸減少浪費在無謂事情的時間。經過一個月後，才知道這是「不可能的任務」。只要打開電視、遊戲、網路漫畫，就不可能脫身，等於毀了一天的學習，而且稍微打個瞌睡，時間一下就過去，所以我決定修改一下目標。

我不打算減少無謂的事情，而是全部戒掉，包括趴著睡覺、看電視、玩遊戲、看網漫。那樣還比較簡單。不過或許是這些事情不久前還像呼吸、吃飯一樣自然，要一下子戒掉確實不容易。後來我利用了惋惜的心理，「我這樣下定決心讀書，連我最喜歡的遊戲都戒掉了」，讓自己以後無法說放棄讀書就放棄。好不容易下定決心，最怕這樣的決心消失，所以我依然過著戰戰兢兢的生活。

自從我下定決心的那天起，到大考結束為止的四年之間，儘管經歷了數百次甚至數千次的危機，這個目標我自始至終沒有改變。最初立下的約定，我一次也沒有違背。這絕對是一門不賠錢的生意。雖然有點辛苦，不過苦盡一定會甘來，而且收獲一定更多。

◆只是改變了心態，學習竟然變有趣了！

經過一段手忙腳亂、驚慌失措、上氣不接下氣的生活，不知不覺來到寒風刺骨的寒假，這時我的學習才算有了點樣子。雖然依舊沒有脫離「愚笨至極」的水準，但這段期間，「我要試試看！」的熱情，似乎比高三最後階段還要高昂。

讀書這件事，一開始當然很困難，不過真正執行下去，似乎還值得一試。讀書既不是冬天在三十層樓高的大樓進行鋼筋作業，也不是在烈日下除草除到磨破指甲。我所做的，只有坐在書桌前，一邊摸著紙張，一邊揮動筆桿而已。

當然，一開始讀書肯定非常辛苦，就像把頭潛入水裡，屏住氣息一樣。有時候也會感到茫然，只是漫無目標地忍耐下去，天真地以為「一定會有某個時刻能找到樂趣」。忍耐一段時間後，的確慢慢體會到有趣而讓人欣喜雀躍的地方。

那個樂趣，其實就是「日新月異的自己」。那個無時無刻不想著再多寫一些東西的自己、每一天生活過得充實的自己、內心確信自己變得越來越好的自己、同樣一個小時，今天比昨天學的東西更多的自己、結束充實的一天，覺得又累又開心的自己。不久前，還想著「反正我就廢，再怎麼努力也沒用」的我，愛上了這種逐漸開竅的感覺。儘管是為了「日新月異的自己」而學習，我卻越來越想繼續拚下去，這是之前每天虛度光陰的我想像不到的樂趣。

也許有讀者已經發現，直到這時，我也沒有什麼特別的祕訣，之後也相差不了多少。我只是希望自己成為可以信賴的人，並且抱著這個想法傻傻地讀書而已。在這之後，我也只專注在堅定內心、鍛鍊內心、固守內心。

寒假的第一週，我還想「只要撐到凌晨一點不睡，我就滿足了！」但是——唉，要做的事情太多，這個目標根本辦不到。才想到要做什麼，就已經到上床的時間了。「我已經落後別人一大截了，事情都做不好，至少要多花點時間才可以吧。這樣下去不是辦法啊！」所以有生以來，我第一次擬定了所謂的「計畫」，命名為「每天多堅持五分鐘」計畫。也就是星期一如果讀到一點五分，星期二就讀到一點十分，星期三讀到一點十五分。幸好那時心態端正，也逐漸對讀書產生興趣，所以才能貫徹計畫。到寒假結束之際，我就算讀書讀到凌晨四點，也完全不覺得累。即使連續一週甚至連續半個月只睡三、四個小時，我依然精神抖擻。真神奇！之前一天睡十個小時，還是感到空虛，想來不過是整天把「我好累」掛在嘴上而已。

似乎有一股難以形容的活力，源源不絕地從某個地方湧出來。在整顆腦袋浸泡在學習中的這段時間，心裡總感覺有用不完的精力。像是學習把我抓住後，就再也不讓我掙扎、逃跑。這種感覺真好。甚至還有點難過，「要是別人早點告訴我這種樂趣就好了！」

那年冬天，雖然沒有事先訂定這樣的目標，不過我已經全部讀完五年級到八年級的國文、英文、數學。我只是改變了心態，竟然愛上了學習，也感受到學習的樂趣。這一切只要一個條件就足夠。原以為太晚讀書了，結果才不是呢。一點也不晚。

在看完書，心情大好的凌晨時分，有時我會在睡前站在鏡子前。鏡子前的我，是頭髮凌亂，雙頰通紅，一副筋疲力盡的模樣。儘管滿臉倦容，我的「眼神」卻比任何時候都要閃亮。這樣的眼神，是我有生以來第一次看見。在這個奇妙的眼神中，夾雜了些許的信心和些許的滿意，還有些許的自負和些許的期待。這種時候，我又對自己感到抱歉。「明明可以做到這個程度，為什麼我連機會都不給你，放著你不管呢……」每當這種後悔的情緒膨脹到難以承受的時候，我總會跟自己約定。

「我不會再丟下你不管了。」

從那之後，原本一再搖擺不定的「學習的心」，再也沒有消失或冰封，原因就在於那天站在鏡子前，看見自己滿臉倦容，卻依然炯炯有神的「眼神」，以及再也不會丟下自己不管的「和自己的約定」。

於是，我就這樣擺脫了「醉生夢死」的糜爛生活，成為「學習的人」，開始從頭刻劃人生的藍圖。儘管現階段還只是提起蘸滿墨水的毛筆而已，不過這已經足以讓我胸口沸騰了。

學習的心臟開始瘋狂跳動起來。

我想認真告訴你們

雖然很煩惱該怎麼委婉表達，不過我想認真告訴你們。

你，千萬不要放棄。

為什麼？因為我曾經也是你。原以為自己已經太晚了，甚至差一點就要放棄了。我也曾經像你一樣徬徨，像你一樣苦惱，像你一樣痛苦，跟你有過同樣的心情。

很晚才開始讀書，內心的不安和焦慮必定難以平息。我們自己最清楚起步已經太晚的事實，卻不知道該用什麼方法面對，難過得不得了。要走的路比別人還長，成績卻怎麼樣都上不去，信心一點一滴耗盡。即便如此，我們仍然想聽別人一句「你還不晚」，四處向他人索求，並且在計畫得逞後，原本緊繃的心才逐漸融化。然而事過境遷後，我們又開始變得懶惰。

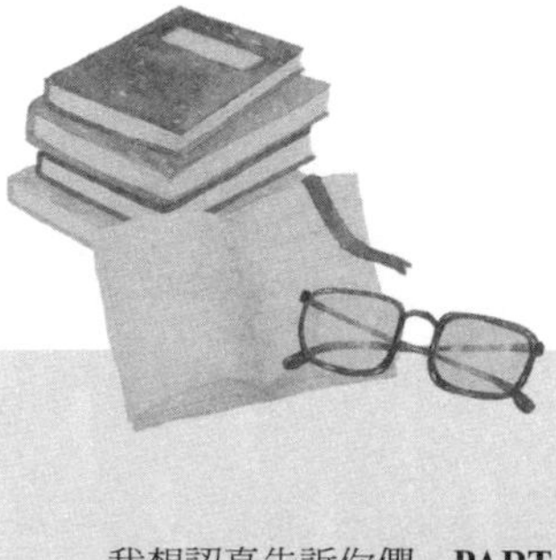

所以我下定決心，乾脆別再想到底是已經太晚，還是還不晚，一切事在人為。我們別因為「太晚學習」的挫折而猶豫不決，也別因為「還不晚」的甜蜜安慰而蒙混過去。正視現實吧！抱定決心，尋找「讓不可能成為可能的方法」吧！

回顧這一切，恍如隔世。如果我現在像你這樣煩惱的年紀放棄自我，現在的我會是什麼樣子？我那時真的很想放棄。我必須從這兩個選項中做出選擇，是要徹徹底底放棄，還是抱著必死的決心。經過長時間的思考，我決定放手一搏，讓「真正的自己」盡情發揮。而在這個決定的盡頭，我最終獲得了自己渴望的結果。

那時候想法很單純，什麼都不懂。在生平第一次遭遇的茫然無助面前，只有滿心的恐懼與慌張。至今我依然感到遺憾。那時候要是有人認真給我建議，或是抓著我狠狠教訓一頓，我會不會就少了一點恐懼，可以更有信心地踏出第一步？

我一定要告訴當初的自己，也就是現在的你們，告訴你們我走過這一切之後得到的一些領悟。聽著，「千萬別放棄！」「任何人的起點都和你一樣！」「『不容易』的事情和『不可能』的事情天差地別。」「所以別再追究起步晚了還是不晚！」只要你不放棄，晚或不晚一點也不重要。

我想再說一句，其實晚了一點也無妨。不是生活按部就班的人，就一定會贏得勝利。但是，千萬別傻傻地等著誰來點醒你，你也知道自己就能站起來的吧？

沒錯，你可以的。起跑前也許會感到徬徨，但是真正做下去，也沒什麼大不了的。光是你心中擁有的力量，就已經足夠了，只要你肯拿出那股力量。最重要的是，你一定會愛上那個在你努力付出的過程中，逐漸看清面貌的「真正的自己」。在這條路的盡頭，你一定會收獲世界上最甜美的笑容。等著看吧，我說的肯定沒錯。那一定是世界上最甜美的笑容。

所以，我要再認真告訴你們一次。

你，千萬不要放棄。

PART 2

堅定內心的瞬間，學習變得有趣

韓國射箭代表隊選手並不煩惱「如何射箭射得更漂亮」，而是訓練如何堅定內心。他們甚至被關在噁心大蛇蠕動的房間內，忍受蛇爬上腿的恐懼，一分鐘也不能睡，整整堅持三天。這是為了讓選手在比賽中面對各種突發的狀況時，也能不受影響，保持平常心。在比賽場上，真正的勝負不是射箭的技術，而是選手的心態決定。如此嚴格的訓練內心，韓國代表隊獲得全世界第一的名次，也是理所當然的結果。不僅是射箭，其他領域也是，想要達到高手境界的人，必定熱中於磨練內心。這是因為所有事情都取決於「決心」。

02

因為我的人生只有一次

世界是我的意志。

——德國哲學家叔本華（Arthur Schopenhauer）

不管你認為你做不做得到，你都是正確的。

——美國企業家亨利．福特（Henry Ford）

沒什麼心情讀書嗎？對怎麼樣都不見起色的學習感到厭煩嗎？那麼，不妨暫時停下手邊的學習，先專注思考關於「人生」的「煩惱」吧？因為「有沒有」讀書的心情，取決於我們「有沒有」認真思考過自己的人生。這個人生，是未來將會伴隨我們八十年以上的「只有一次的人生」。

「什麼？要讓學習變有趣，還要先思考人生？這是什麼莫名其妙的話？」乍聽之下，各位可能丈二金剛摸不著頭腦。但是這樣的思考是相當重要的。因為「人生」和「學習」是「天生一對」，怎樣都無法將兩者分開。

回想起來，過去沒有把心思放在學習上的那段時間，我未曾深刻思考過「自己的人生」。那時每一刻都在追求快樂，就這樣浪費了一天又一天。雖然也有過些許惋惜和自責，卻又轉念一想：「天已經這麼黑了啊？那先睡覺好了！」

可能我覺得那樣的生活也沒差吧。該怎麼說呢？對於「人生」這件事，我只覺得似乎離我好遠好遠，所以就算隨便浪費了今天一天，好像也不會對我的人生有太多不好的影響。其實，我所度過的每一天，早是組成我人生的每一個片段了。無意間犯下的一些錯誤，正一點一滴侵蝕我的人生，只是可惜的是，我當時並未意識到這點。

在虛度國中階段的光陰後才猛然覺醒的我，最感到惋惜的一點，就是明知道這一切錯誤都歸結到一個非常簡單的道理，卻「終究沒有付諸實行」。我後來才領悟這點，為此付出了非常「沉痛的代價」。如此簡單的道理，或許是因為太過理所當然吧，反而更容易讓人忘記。

「我的人生只有一次，而我必須是這個世界上最珍惜自己人生的人。」

太可惜了。我就這樣不痛不癢地放過這麼簡單的道理，把時間浪費在毫無意義的事情上。早知道應該妥善利用時間，一筆一筆畫出我的人生藍圖。我不應該忘記自己的人生如此寶貴。

要是那時我知道，每個決定「現在要做什麼」的微小判斷，匯集成了我的一天，而每一天最終又決定了我的人生，我一定可以讓現在的自己變得更強、更有智慧，而且更加幸福。

過去我輕視自己的人生，也不那麼珍惜自己，甚至對自己毫無期待。我又傻又笨，不知道「沒有好好關心自己，自己的人生只會鏽蝕、腐敗」的道理。我就像永遠跑不出滾輪的倉鼠一樣，仍在原地踏步，「周而復始」做著相同的事情。

過去的我不曾珍惜自己的人生，輕易地放棄了自己，結果自然是過得越來越差。越是如此，我對

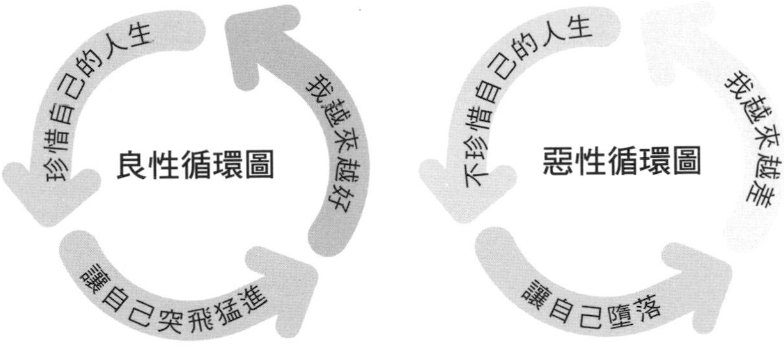

自己狼狽的模樣越感到失望，於是更不珍惜自己的人生。最後就是自暴自棄，以為自己的人生「已經無藥可救」。

但是我們的人生只有一次，無比珍貴，這樣的機會一輩子不會再有第二次，既無法關機重啟，也無法倒帶，更無法暫停，僅此一次。我們的人生就那麼一次。別退縮，別猶豫，盡情揮灑精采的人生吧。千萬別放棄自己，棄自己於不顧。這樣太對不起自己的人生了吧。幾年之後，或是到了生命的盡頭才後悔，也無法再重新開始，這就是人生。

請珍惜自己的人生，這不是為了父母，而是為了我們自己。請妥善使用這獨一無二的機會，就為了自己。請好好充實這唯一一次的人生，只為我們自己而活，而不是為了誰。

✦因為，不讀書就太對不起自己的人生

雖然有些晚，不過在我深刻體悟人生的珍貴後，開始出現讀書的念頭。我對自己只有一次的人生感到抱歉，也深感同情。在主人無關緊要、放手不管的那段時間，我的人生該有多麼驚慌、多麼孤單啊？因為本該捧在手心裡呵護的人生，就這麼被棄置不顧。

開始認真學習後，內在不斷累積知識的感覺非常好，然而最令人歡欣喜悅的，莫過於我

已經懂得珍惜自己的人生，並且認真為未來預做準備。我不再繼續墮落，每天的我都在逐漸變得更好，這樣的自信振奮人心。做過才知道，知道讀書完全是為了我自己。

下定決心善待自己的人生後，我看待學習的態度出現一百八十度的轉變。我知道學習是為了磨練自己，因此自我挑戰的欲望越發強烈，不過最重要的，還是在於學習變有趣了。在我看來，學習的時間就像「一場逐步揭開驚人真相的冒險」。學習這件事，不但是一場獲得「知識」，從而讓我的人生更加多采多姿的探險，也是獲得「智慧」，從而讓我內心更富足的探險。過去就連難得坐下來的短短讀書時間都是硬著頭皮讀書，而在我確信學習有助於我的人生後，我開始深深愛上學習，這個轉變是相當顯著的。

仔細想想，學習的本質不在於「分數幾分」、「等第幾級」。有許多早已經歷過這個世界的前人，用他們的身體去對抗、去感受與體會這個世界，好不容易獲得知識與智慧，只有將這些知識與智慧內化為自己所有，才是學習真正的本質。感謝前人為下一代留下許多知識與智慧。我們所學習與背誦課本，每一行字都是某個人窮盡一生才領悟出的知識與智慧。

在我們透過自然課本清楚了解身體的構造前，有許多人冒著被傳染病感染的危險，不惜徒手處理、解剖屍體；在我們從國文課本上學到克服人生困境的一行詩之前，有一位詩人不能忘懷自己死狀悽慘的稚子，夜夜輾轉反側。數學課本上的一則公式，蘊含著三、四十年來沒有一天好好休息，埋首於研究之中的一位數學家的熱情；韓國史課本的每一行字，都是許多將軍與士兵在槍林彈雨中勉強活下來，最終取得戰爭勝利的血淚生命。

我們在短短的五分鐘、十分鐘，就能學完有關他們人生的內容。他們奉獻了一生才獲得的體悟，我們卻輕而易舉取得。所以課本上，沒有任何一段文字可以「隨便讀也沒差」。面對課本的態度，應該要尋根究底，弄個明白。這不僅是對前人的尊敬，更是對自己人生的尊敬。因為我們所獲得的知識與智慧，將會讓我們的人生更加燦爛，我們的人生如此寶貴，不能不認真學習。

別為了分數或考試勉強學習。學習是能讓我們的人生更加閃耀燦爛的「華麗探險」。

✦ 學習能讓自己的內心成長茁壯

在「學習」這場「華麗探險」中，我們的人生也能收獲更好的結果，一切端看我們如何學習。現在起，我想談談它的好處。

學習所能帶給我們的好處，正是「讓自己的人生成長茁壯」。從結論來說，學習這件事其實是磨練內心的行為，所以在學習的過程中，我們內心的力量將逐漸強大，我們的人生也將因此成長茁壯。這正是學習的核心。

要想讀書讀得好，必須時時刻刻管理好我們的內心。就算乖乖坐在書桌前，如果心思全在別處，也只是徒勞。過於激動的情緒，或者過於陰鬱的情緒，都無法好好學習。我們必須克制自我良好的感覺，安撫猶豫不決的心思，有時得按捺住想放棄的念頭，有時得鞭策自己想要逃避的心。所有人都是這樣學習的。如此一來，將在某一瞬間幡然醒悟，「我好像有點明白自己了」。雖然其他人看不見我們的內心，但是每一分每一秒，我們都清楚看見了自己的內心。「遇到這麼悲慘的事情，我的內心一定滿目瘡痍了，要趕快安慰一下。」「就是這樣！感覺是那麼平靜祥和，內心沒有任何雜念，趁現在好好讀書吧！」於是，我們管理內心的技巧將日漸純熟，因為我們越來越了解自己的內心是如何運作的。

在這個過程中，內心的力量將更加強大。未來即使遭遇晴天霹靂，內心幾乎要崩潰的時刻，我們也不至於退到絕望的懸崖邊上。在學習期間，我早已經歷過類似的情況，那時我總會知道該如何回應，才能讓自己重新振作。因為我已經一點一滴的長大了。

但是啊，內心的力量不僅幫助我的學習，也有助於我的人生。「人生的功力」如何衡量？這取決於面對生命中曲折的難關時，能夠以多堅毅的態度挺過，並且東山再起。當我們透過學習強化了內心的力量，那麼未來真正站上人生舞台的那一刻，我們也能發揮內心的力量。

只是一味抱怨自己的學習已經難以挽救，或是迷失在學習的道路上，遇到微不足道的困難，立刻撒手不管，因而平白浪費了學習的黃金期，這樣的人絕對無法鍛鍊「內心的力量」。這是我堅信不疑的學習的「真正目的」。我至今為止的學習，雖然也是一場「華麗的探險」，輕而易舉就能得到有助於人生的知識與智慧，然而最根本的價值，還是在於為不久後即將展開的人生做好「心理訓練」。直到後來我才知道，學習的真正目的就在於此。

我也領悟到一個道理，雖然「生理年齡」在每年冬至吃湯圓的時候，就會自動增加一歲，不過「心理年齡」不同，如果我們不努力鍛鍊，便只會停滯不前。唯有睜大雙眼，不斷審視自己的內心，時而穩定內心，時而放縱內心，有時督促內心，有時安撫內心，這樣一步步強化內心的人，最終才能贏得「生命成長」的大禮。

「讀書讀得好，才能得到好的工作」、「讀書讀得好，才能賺大錢」、「提高成績、排行，才能進好的學校」這些都不是學習的真正目的。我們的人生必須仰賴內心的力量，而內心的力量又必須靠我們的鍛鍊才能成長，所以現階段的學習，正是培養我們內心力量的「絕佳機會」。這才是學習的真正目的。

怎麼樣？和自己共度一生的內心，很值得好好鍛鍊吧？

✦夢想、目標和欲望並不相同

夢想

有一陣子，我錯以為「有想從事的職業」才可以稱得上有夢想。其他朋友都有想做的工作，我連想做的工作都沒有。或者說什麼都想做，有時跟著爸爸去海釣場，便想當海釣場老闆，有時跟著媽媽去KTV，又想當歌手。短短一天內，想做的工作變了好幾次，實在無法決定我的夢想。然而到了國小畢業之際，這麼多的夢想忽然消失得無影無蹤。之後我的夢想反反覆覆，一會有夢想，一會又沒有夢想。在國中階段，甚至有過扭曲的念頭，「反正我也沒夢想，讀書要幹嘛！」也曾經意志消沉，「雖然有夢想，但是成績實在太難看，丟臉丟到不敢跟別人說我的夢想。」

這些想法都錯了，因為夢想不等於職業。「有想從事的職業」，不過是夢想中的一小部分而已。所謂的夢想，不是我想從事什麼職業，而是我「想過上的生活」。我想活出什麼樣子，和誰、在哪裡、帶著什麼目的、用什麼樣的方式生活，只要跟這些有關，那就是夢想。這裡當然也可能包含職業，但不會是全部。

這個世界上不會有人沒有「想過上的生活」，差別只在於特別清晰或依然模糊而已。能夠具體說出來或寫下來的，可以是夢想；只能在腦海中畫出模糊的藍圖，或是只能像電影一樣想像的，也可以是夢想。擁有一個明確的夢想，當然令人羨慕，但是先有一個大方向，再一邊「學習」，一邊謹慎且緩慢地刻畫具體的藍圖，其實也無妨。過程中有了不同想法，或者產生了信心，或者看到更好的目標，或者聽到更好的建議，因而臨時改變夢想，都沒關係。有時甚至會有夢想越改越好的情況。

但是無論如何，都不能停止思考自己的「夢想」。即使當下沒有想從事的職業，也別斷定「我就是沒有夢想」，請持續思考自己的特性和各種可能性。只要認真思考自己想活出什麼樣子，和誰、在哪裡、帶著什麼目的、用什麼樣的方式生活，並且永不放棄就行。學習也讓我們離夢想越來越近。只要在學習的過程中認真思考，那麼找出自己未來想從事的職業、想過上的生活，想必不是難事。所以別像我一樣愚蠢，把沒有夢想當成藉口，遲遲不敢開始學習。即使目前還不明確，不久後一定會出現我們想活出的樣子，屆時，希望你不會愧對這個夢想。請記住，即使是現在這一瞬間，時間依然在流逝。滴答滴答。

目標

目標和夢想截然不同。如果夢想是「首領」，目標就是「部下」；如果夢想是「長大成人後，我想活出的樣子」，目標就是為了達到那個境界，「現在的我該做什麼」。讓現在的自己動起來的提問，例如「我要如何利用今天這一天？」「在這之後的一個小時，我要學習什麼？怎麼學習？學習多少？」就是「目標」。

所以即使夢想有時清晰，有時模糊，也沒有關係，最重要的是目標要隨時「明確」。也許你會覺得自己現在的夢想太渺茫，彷彿不曾存在，不過即便如此，也不能有一分一秒缺乏目標。因為如果目標渙散，未來夢想逐漸清晰時，一定會感到後悔。

安排學習分量是一個目標，不過為了更好的自己而養成良好習慣，例如「端坐三十分鐘以上」、「禁止戴耳機讀書」或「回到家，立刻坐到書桌前」，當然也算是目標。發現自己有所不足或有需要改正的地方，只要隨時擬定目標，一個個改過即可。為了成就更好的自己而「設法達成」的目標，無論這個目標是大是小，都算是目標。當然，這個目標不會是未來所要努力的，而是當下可以立刻付諸實行的。

不過，夢想和目標並不是獨立存在。無論目標是大是小，當我們決定好目標，為達成這個目標付出努力的同時，我們將會離夢想越來越近。所以我說夢想如果是「首領」，那麼目標就是「部下」。夢想儘管讓我們胸口熱血沸騰，卻也讓我們產生茫然又遙遠的感覺，這時，請用目標來填補這個空缺。所以目標越「具體」越好，每完成一個微小的目標，還能額外帶給自己一些成就感。

欲望

然而欲望和目標相當不同。和「目標」常伴左右的人，離夢想越來越近，然而經常和「欲望」為伍的人，只會離夢想越來越遠。用一句話總結，目標是「自己設法達成的標準」，而欲望是「得到就算賺到的籠統期待」。既嫌麻煩不想努力付出，卻又覺得就此放棄太傷自尊，只等著天上掉下禮物，這就是欲望。完全是「小偷行徑」。所以和欲望走得越近，離夢想就越遠。

滿腦子欲望，「有也好，沒有也罷」，這種態度絕對無法實現夢想。請分清楚目標和欲望。我們應當追求的，不是欲望，而是「目標」。要想分辨自己是「目標型人格」還是「欲望型人格」，只要在決定好目標後，觀察自己執行目標的態度即可。煞有介事地決定好目標，執行的態度卻是「有也好，沒有也罷」，那麼你就是「欲望型人格」。擁有「目標型人格」的人，執行目標的態度必然是篤定且充滿熱情的。

如果夢想是首領，目標就是部下。在確實完成每一天目標的過程中，我們離夢想越來越近。但是，請隨時回過頭來反省自己，分辨自己是「目標型人格」，還是「欲望型人格」。「目標型人格」最終能實現夢想，而「欲望型人格」則前途渺茫，讓目標淪為欲望，最終無法實現夢想。

「學習變有趣的瞬間」不會忽然從天而降，落到我們身上。必須由我們來創造。這是為了我們只有一次的人生，為了實現自己的夢想，也為了讓自己成為更好的人。別在意別人，先為自己著想。

我相信，你一定會成為「珍惜自己唯一一次人生的人」。

Beyond Story

欣然接受「扎根期」的人

有一種竹子名為「毛竹」。這種竹子種下後，即使澆再多水，再怎麼細心照顧，也不會發芽。一點動靜也沒有，時間長達五年。而在五年之後的某天起，毛竹忽然開始伸長，一天甚至能長到八十公分。直到長成三十公尺前，都不會停止生長。三十公尺相當於十八位成人男性的身高總和。

「這棵竹子長得那麼高，都快要頂到天了，會不會忽然垮下來呀？」看著顫顫巍巍的竹莖，人們憂心不已，把毛竹的根挖了出來。這下終於明白，眾人的擔憂是多餘的了。因為毛竹的根盤根錯節，已經牢牢抓住大地。根的長度加起來，足足有四千公尺長。這五年的時間，毛竹不是靜靜地躲在地底，而是努力厚實自己的功力，將竹根深深扎向地底。做好萬全準備，等待出土的時機。

「累積你的力量，增加你的深度吧！然後勇敢向著炙熱的太陽升高，最後……，你一定能夠創造奇蹟！」

增加深度，磨練功力的過程，必定是乏味的。甚至像是一個人被關在暗無天日的洞穴內，看不清眼前的情況。然而如果沒有根基強大的力量，我們終究無法衝向天際。即使長得再高，也必定會像「地基不穩的軟腳蝦」一樣，容易搖晃而崩塌。向上伸長的力量，絕不是在成長的過程中一邊培養。而是在「扎根期」吸取大地的力量和水分的力量，這時即使代表人生困境的颱風來襲，我們也不會傾倒，反倒強化了堅若磐石的力量。現在這一刻，正是我們人生的「扎根期」。對於正經歷「扎根期」的自己，我們不必操之過急，稍微等到充滿力量的時候吧。

扎得越深，根越有力，我們也才能長得更高。這個成長的高度，可是會令你大吃一驚的喔。

03

下定決心的瞬間
就有了「堅定的決心」和「後悔的決心」

沒有做到最好，就別想成為最頂尖的人。

——電視主持人劉在錫

苟能立心堅固，一直向前去，雖太山可移也。

——朝鮮實學家丁若鏞

在不愛讀書的那段歲月，我總是說話不加思索，口不擇言。覺得聽起來了不起的話，就隨口亂說。乃至於我在找各種藉口的時候，特別喜歡用「盡全力」或「認真」等詞彙。明明不怎麼讀書，卻總是把「嗯，我已經盡全力了」掛在嘴上。所以期中考、模擬考搞砸的時候，開口一定是「唉，我這麼認真，卻……」

當我說出「盡全力」的時候，意思其實是「我好歹也試過了！不要再說我什麼都沒有付出了！」當我說出「認真」的時候，意思其實是「我已經付出跟過去一樣的努力了。我這個人本來就這樣啊」。我完全不懂這些詞彙背後的意思。

別隨口說自己盡全力了。只有自身的努力能感動自己時，才能說出「盡全力」這個詞。

——大河小說《太白山脈》作者趙廷來

用盡全力的漢字「最善」，是令人敬畏的詞。單是一個「善」字，就有「最好」的意思，這裡再加上一個「最」字，代表「最好中的最好」。換言之，從眾多的努力中，選出最了不起的努力，再從最了不起的努力中選出「最好中的最好」，這才是「盡全力」的真正意思。

而認真的漢字「熱心」，也同樣令人敬畏。意思是「付出全部精力，專心致志地努力的心」。「全部精力」代表「再也拿不出超出這個程度的力量」，百分之百付出這樣的努力，進入沉浸的狀態，直到「我的腦袋裡、心裡，除了這件事之外，再沒有其他念頭」，才能稱得上是「認真」。所以付出過人的努力，彷彿心中有一把炙熱的火在燒，才能用上「熱心」

這個詞。

✦為什麼我的決心只有「三分鐘熱度」？

說話是最容易的，說過就算了。所以我總是隨口說出「好，我決定了！」我有太多隨口胡謅的諾言。每一個都是「虛有其表的決心」、不會遵守的「空口白話」，更是不出三天，就會「憑空蒸發的誓言」，消失得無影無蹤。每次一再發生這種「三分鐘熱度」的事件時，我只會怪罪自己意志力薄弱，並且告訴自己「下次開始，我一定要再多堅持一下」，從不曾懷疑問題的關鍵在於「決心」本身。然而在經過數十次殘酷的「三分鐘熱度」，嘗到苦果後，我才終於恍然大悟。

「啊，原來我的決心都只有三分鐘熱度啊！」

雖然某些程度上是意志力薄弱的問題，不過真正的問題，還是在於一開始的決心就出錯了。這些決心，是從未認真思考過，只是衝動說出的「短暫的決心」；是在決定目標的時候，連我自己都不相信可以實現的「宏大的決心」；是結果不如預期的時候，還想找藉口的「避重就輕的決心」。一直以來，我的決心都只有「三分鐘熱度」，當然不會有好的結果。

再加上其中有許多決心，都只是「光說不練的決心」。明明是學習的決心，我卻沒有用「學習的行動」來遵守，只是靠「一張嘴」。不是對朋友或媽媽說得天花亂墜，就是在心中自我洗腦。甚至是考試搞砸，讓人倒抽一口氣的那天，在下定強烈的決心後，依然只是嘴巴說說，還是睡得香甜、玩得盡興，推說「明天再開始讀書」。對於自己的事情，我卻是隔岸觀火的態度。真是扶不起的決心。當然，過不了多久，這些決心都會徹底失敗。

至於下定了什麼樣的決心，我從沒有寫下來，也沒有牢記在心。只是像吐口水、吐口香糖一樣，隨口吐出幾句決心，經過一兩天後，全忘得一乾二淨。所以決心的壽命相當短暫，因為各種原因，這些決心終究只有「三分鐘熱度」。

我們需要的不是「短暫的決心」，而是「堅定的決心」。下定決心時，必須是壽命較長的決心。唯有深刻反省自己，在這個基礎上深思熟慮後的決心；能堅決告訴自己「這次是認真的！」有信心可以做好的決心；不會因為藉口和理由而失色的堅定決心，才能鞭策我們前進。並且唯有認真抄寫下來，妥善保管，而不是短短幾秒內隨口胡謅的決心；內心時時刻刻鞏固的決心；最重要的是在決定的當下，能立刻讓我們坐到書桌前的決心，才不會淪為「三分鐘熱度」的決心。

即使是滿腔熱血定下的決心，也會隨著時間的流逝而逐漸冷卻。所以別再猶豫，立刻起身行動，才能繼續維持「決心的溫度」。給自己看看這個熱血沸騰的決心吧。用學習證明自己的決心吧。決心不是「嘴巴說說就算」，而是「讓自己屁股黏在椅子上，真真切切守護的對象」。

✦我一生中最後悔的事

有一次，ＭＢＣ電視台訪問了韓國各年齡層的民眾。

「你一生中最後悔的事情是什麼？」

電視台私下當然有所期待。後悔的事情男女有別，各個年齡層在意的也不同，只要好好整理調查結果，一定能製作出精采豐富的節目。再怎麼說，青春洋溢的女高中生的後悔，和五十多歲中年大叔的後悔，肯定不一樣的。但是真正開始訪問後，越深入調查，結果越脫離原本的預期。在調查進入尾聲時，電視台得到了一個出乎意料的結果。對於「我一生中最後悔的事」，十多歲男女、二十多歲男女、三十多歲男女、四十多歲男女、五十多歲男女的答案，竟然完全相同。

「沒有多讀點書……」

撇除本該認真學習的十多歲、二十多歲不談，三十、四十、五十多歲的成人，甚至六十、七十多歲的老爺爺、老奶奶，都有相同的後悔。「要是那時候多讀點書……」「那時候也想讀書，但是……」在這些「點點點」當中的一字一句，隱藏著多少令人落淚的遺憾呢？為了討生活而錯過「讀書的時機」，然而時光已難再倒流。怎麼也無法抹去、擺脫的「深切懊悔」，一輩子都將攪動內心的情緒。如果不是這樣，又怎麼會所有年齡層都吐露自己「對學習的後悔」呢？

這項調查結果令人心酸。尤其是走過七十多年歲月的老奶奶們，那句「想讀書但沒機會」的懊悔，我們都應該銘記在心。

現在，請回過頭來看看自己。當我們到了三十、四十、五十、六十、七十歲的時候，回想起「今天的自己」，會後悔「要是那時候再多讀點書」嗎？

我一生中最後悔的事（男性）

順序	10~19 歲	20~29 歲	30~39 歲	40~49 歲	50~59 歲	60~69 歲	70~79 歲
1	沒有多讀點書	沒有多讀點書	沒有多讀點書	沒有多讀點書	沒有多讀點書	沒有多賺點錢	讓妻子流淚
2	頂撞媽媽	沒有多聽媽媽的話	沒有賺錢買房子	喝酒沒有節制	亂花錢	沒有少喝點酒，注意健康	沒有存老年資金
3	和朋友吵架	沒有把握那女孩	沒有待在那間公司	沒有多買點地	對妻子做了不該做的事	對妻子做了不該做的事	想讀書但沒機會
4	沒有戒掉遊戲	用錢沒有節制	沒有把握那女孩	沒有把握那女孩	人生過得太隨便	想讀書但沒機會	沒有讓孩子多讀書
5	學了髒話	四處闖禍	沒有對下面的人好	對妻子做了不該做的事	沒有好好孝順父母	沒有學會好好玩	沒有少喝點酒，注意健康

我一生中最後悔的事（女性）

順序	10~19 歲	20~29 歲	30~39 歲	40~49 歲	50~59 歲	60~69 歲	70~79 歲
1	沒有多讀點書	沒有多讀點書	沒有多讀點書	沒有多讀點書	沒有多關心孩子的教育	沒有多賺點錢	想讀書但沒機會
2	對媽媽說謊	沒有多聽媽媽的話	和這個男人結婚	沒有多關心孩子的教育	嫁錯人	想讀書但沒機會	沒有對死去的老公好一點
3	和朋友吵架	和朋友吵架	大學選錯科系	沒有好好享受人生	沒有多讀點書	沒有多賺點錢	沒有多賺點錢
4	選錯學校	沒有好好放開玩	婚後離職	嫁錯人	抱怨丈夫	嫁進這個家裡	沒有好好對待父母
5	沒有多交好閨密	提出辭呈	沒有好好對待父母	沒有好好對待父母	沒有多做投資	沒有好好對待父母	一輩子只有吃苦

✦你現在不是該做這種事的時候

高中畢業後不久，我收到老師的拜託，見了一位學弟。交談不到五分鐘，這位學弟忽然對我說：「學長，要是能重新回到一年前，那該有多好。」沒來由的一句話，讓我有些不知所措，心想「他在說什麼」。繼續聊下去後，發現他下定決心開始讀書，還只是不久前的事。之前他從不懂得珍惜時間，只是盡情玩樂，事到如今才開始讀書，對去年揮霍了一年的時間感到後悔。不僅分數吊車尾，時間也不夠，累積到現在才學習，更覺得負擔相當沉重。原本想問他，如果能回到一年前，「你想做什麼？怎麼做？」不過我稍微改變了一下問句：

「如果遇見一年前的你，你想對他說什麼呢？」

他沒有回答，當下是一片沉重的寂靜。這位學弟扭扭捏捏了一會，豆大的淚珠忽然落了下來。我也嚇了一跳，看了這位學弟的表情，我再次說道：

「把我當成是一年前的你，說出你想說的話吧。」

學弟欲言又止，過了好久，才終於開口說：

「一定要好好讀書。你知道你把我害得多慘嗎？我真的很後悔。你這傢伙，你現在不是該做這種事的時候……」

他說得非常真誠，臉上已經分不清是淚水還是鼻水。我見時機成熟，又丟給學弟一個問題。

「如果一年後的你遇到現在的你，你想對自己說什麼呢？」

在我們的生命中，有時必須回過頭來思考過去的歲月。如果在十年後、二十年後，甚至五十年後重新回顧過去，我們的「今天」會在記憶中留下什麼印象呢？是有助於人生，讓人心懷感激的一天，還是留下無限悔恨，想要從記憶中抹去的一天？

◆不欺騙自己的人

據說歌手寶兒在還是練習生的時候，有個特別的習慣。經過一整天的舞蹈練習，深夜入睡，隔天起床後，如果身體有任何一處不感到痠痛，她會反省自己：「我昨天練習的時候，到底出了什麼差錯？」可見她是那樣嚴苛地鞭策自己練習。儘管那樣的練習是相當痛苦的，她也從未想過放棄或逃避。越是編舞老師沒有看見的地方，她越花心思認真練習。

因為她知道「自己一天的價值」。當下揮灑的汗水，將會一點一滴實現「自己的夢想」，這點她再清楚不過。因此，無論是在其他人看得見的地方，還是看不見的地方，她都能從一而終地堅守原則，徹底實踐「慎獨」的意義。

「慎獨」是古人的教誨，即使四下無人，只有一人獨處時，也要懂得固守內心，像是在眾目睽睽之下行動一樣。一個人獨處的時候，才是這個人真面目顯露的時候。換句話說，我們必須養成不欺騙自己的「正直」與「自制力」才行。對於正在學習的人，慎獨尤其不可或缺。因為學習只能是「獨自」面對的挑戰。雖然別人能勉強我們坐下，但是坐下來可以學到什麼，學到多少，完全取決於我們的內心。

只要腳踏實地付出絕對的努力，我們一定可以辦得到。只要有信心說出「這次是認真的！」我們一定可以成功。只要是不會後悔的決心、不愧對「未來的自己」的決心，我們就會贏得勝利。

我相信，你一定會成為「創造堅定決心的人」。

Beyond Story

答案在我們心裡

米開朗基羅在畫西斯汀禮拜堂（Sistine Chapel）的穹頂畫時，有過這樣一段故事。

這幅穹頂畫是達到一百八十三平方公尺的巨大壁畫。

這天，他爬上梯子，正在天花板的一角仔細描繪每一個人物。一位朋友見狀，開口問道：

「嘿，你何必這麼辛苦，在那個隱密的角落畫著沒什麼人看得見的畫。就算那麼做，又有誰會知道？」

「我知道呀。」

——全玉杓《給年輕人贏的習慣》

米開朗基羅懂得敬畏自己，因為我們無法欺騙自己。

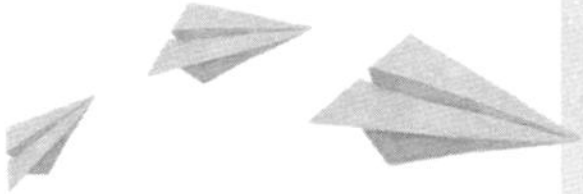

不僅是米開朗基羅，我們也深知這個道理。我們都知道自己什麼事情「無法」做，什麼事情「不想」做；我們都知道自己的學習被什麼原因綁住了手腳，知道要剷除什麼樣的習慣，改掉什麼樣的心態，才能讓「學習的心臟」重新跳動；我們都知道自己真正夢寐以求的人生是什麼模樣。

答案就在我們心裡。

所謂的決心，不是創造出不存在的答案，而是發現自己心中已經存在的答案。

好好激勵自己，拿出勇氣吧！答案不就在我們心裡嗎？

04 學習讓我成為靈魂強大的人

不帶來一絲痛苦的，也不能帶給我們真正的快樂。

——法國哲學家蒙田（Michel de Montaigne）

生命不專注、投入和接受紀律，就不會茁壯。

——美國牧師哈利・艾默生・福斯迪克（Harry Emerson Fosdick）

「咚～咚～咚咚咚！」雄壯的鼓聲和響徹雲霄的喇叭聲、魅力四射的舞蹈，所有人盡情釋放活力。這天是舉行「非洲成年禮」的日子。一位十五歲的少年，臉上表情因強烈的緊張感而顯得僵硬。他是今天的主角，他必須通過今天的任務：從陡峭的懸崖上果斷跳進茫茫大海中，裸身游泳至遙遠的島嶼上，並且驚險地在樹枝間擺盪，搖搖晃晃地爬上山巔，再接連跳過一個又一個比河馬還要大的水池。

這一切過程，都代表著「蛻變為成人」的意思。一個不小心，就會被毫不留情地淘汰。也許還會因此遭受「奇恥大辱」，不被認可為部落的一員。加上這些挑戰處處充滿危險，如果沒有繃緊神經，甚至可能因此喪命。即便如此，一旁觀看的長輩也愛莫能助。因為從一開始的準備，到最後抵達終點，都得由當事人負起責任。讓原本沒有父母的幫助，什麼事情也做不好的人，完全負起「自己的責任」，正是成年禮的精髓。他們必須學會平復緊張恐懼的情緒，像平時練習的那樣沉著應對任務。

在這塊經常上演領土紛爭的「黑暗大陸」——非洲，生活並不容易。永無止境的戰爭還是其次，由於土地貧瘠，當地居民只能仰賴狩獵與游牧生存。如此一來，一個人是否具備自信、大膽、勇敢、果斷等能力，與其生存有直接的關係。如果還像個孩子一樣怯懦，自然無法在這片沙漠中生存下來。成年禮的任務雖然看似可笑，其實都是有原因的。原本懵懂無知的我，必須徹頭徹尾蛻變為「靈魂強大的人」才行。非洲成年禮不是「為了參觀的長輩」，而是「為了自己的蛻變」。成年禮無疑是讓自己「靈魂變得強大的機會」。無論如何，在努力闖關的過程中，一個人的生理和心理都將日益強壯。或許是因為這樣吧，相較於那些令人吃驚的驚險任務，失敗的挑戰者並不常見。因為準備成年禮期間，自己的靈魂也在不知不覺中迅速成長茁壯。

人們在極其嚴苛艱困的成年禮訓練中，有時跌倒，有時失敗，有時被挫折感籠罩。也有時全身被汗水浸濕，有時口乾舌燥，難受得不得了。當練習不盡如人意時，只能絞盡腦汁思考；而練習一切順利時，又開心得原地蹦跳。如此一來，這個人才能蛻變為一個成人，一個靈魂強大得令人懾服的人。

非洲成年禮就好比我們的「學習」。在沒有任何人可以代替我們成為主角這點，以及讓一個少年蛻變為成人這點，兩者非常相似。同樣地，這兩者也都讓我們成為一個「擁有人生必備才能的人」。不過兩者最相像的地方，莫過於讓一個人變成「靈魂強大的人」。

「靈魂強大的人」和「靈魂脆弱的人」，在顛覆我們命運的「挑戰」面前，以及在不得不多次遭遇的「煩惱」面前，必然會有截然不同的差別。面對挑戰不退卻，勇敢喊出「我一定可以」的人；即使犯錯，也懂得告訴自己「我又學到一課」，從不停下學習腳步的人；當生命的痛苦如潮水般湧來，仍能瀟灑說出「這種程度算什麼！」的人；不猶豫遲疑，默默負起個人責任的人；在這個過程中堅定人生志向的人，正是「靈魂強大的人」。無論是非洲成年禮，還是我們的學習，都能讓我們的靈魂更加茁壯、強大，提供我們為人生預做練習的機會，更能為我們一輩子受用的「心理素質」奠定堅實的基礎。

學習的本質在於鍛鍊自己成為「靈魂強大的人」，在於讓原本悵悵失意而「日漸消沉的自己」，蛻變為熱情活力的人，也在於為我們人生即將遭遇的歡喜與挫折預做練習，並且成為兼具各種良好德行的人。所以學習最終能讓我們的內心成長。

學習的本質是「成長」。請放心跌倒、失敗，並且接受失敗吧。拍拍身上的塵土，重新再站起來吧。俗話說「打斷手骨顛倒勇」，請好好感受自己靈魂逐漸強大的感覺吧。相信自己將會一點一滴壯大的內心，細心呵護這顆心吧。

◆培養生命中良好德行的期間

一開始下定決心學習後，我堅持了好一陣子也不感到疲乏，然而到了高中一年級，正是夏天最炎熱的時候，我卻忽然像洩了氣的皮球，全身充滿無力感。在靈魂逐漸強大的過程中，我遭遇了一次挫折。「該怎麼做，才能重新振奮活力呢？」即便我絞盡腦汁，依然不得要領。所以有天我向學校老師詢問，然而老師給了我一個「出乎意料的回答」：

「你這小子！你讀書就只是想拿好分數、提高排名，才會越來越沒力，最後碰壁啊。你越是在意分數，分數反而會離你越來越遠。」

我的心思被說中，嚇了一跳。

「所以別在意成績，試試看別的方法吧！」

「您說的方法是？」

「拿出筆記本，寫下你透過讀書可以學會什麼能力。也就是說，你有什麼特點會因為讀書而變得更好。仔細想想，所謂的學習，不就是為了以後長大成人做好準備嗎？」

「！！！」

這個建議深得我心。在我看來，對自己雖然也有相當滿意的地方，不過也有許多不足之處想徹底改進。我立刻去買了一疊大張便條紙，毫不猶豫地把心中的想法寫下來，並且貼在書桌前面，直到深夜。我也貪心地寫了不少願望，像是意志力、耐心、勤奮等。要是這些寫下來的期許全都擁有了，肯定會成為「不錯的人」。光是寫下心中的期許，心情就興奮得不得了，而且也逐漸放下了對分數的執著。從那天開始，我又有力量面對學習了。

有些期許寫的當下覺得不錯，不過越看越普通，後來果斷刪去，也有些期許一開始沒想到，後來才逐一增加上去。這或許可以說是我個人客製化的「學習目標」吧。無論如何，我總算逐步完成了「對學習的期許」。我將這些期許貼在每個顯眼的地方，每當讀書遇到瓶頸的時候，只要抬起頭默唸一遍，就能重新專注於學習。「沒錯，雖然現在很辛苦，但是經過這個過程，我一定可以得到這些能力。」因為學習的目的，就是要磨練這個陪伴我們一生的「自己」，必須好好培養這一生必備的良好德行。那麼，在學習期間，我們將會獲得什麼樣的能力呢？

首先，在下定決心學習的那一刻起，「熱情」與「挑戰精神」瞬間迸發，我們開始成為自己的主人，自主推動學習，從而培養出「積極性」、「責任感」和「推動力」。當我們抓住那個想逃離學習的自己，可以提高「自我說服能力」、「意志力」、「自我理解」與「反省能力」，而在為學習設定大大小小的目標時，也能培養「應對力」、「判斷力」、「耐性」、「系統性」。在學校學習的內容，有助於刺激「探索能力」、「觀察力」和「求知欲」，而學習的過程又能累積「專注力」、「耐力」、「好奇心」、「記憶力」、「理解力」、「勤奮」、「誠實」與「成就感」。在解題的過程中，能逐漸熟悉「推理能力」、「判斷能力」、「思考能力」、「問題解決能力」，甚至是學習遭遇瓶頸時，也能獲得「好勝心」與「毅力」、「情緒調節能力」、「心理韌性」。切割、安排讀書時間，可以培養「時間管理能力」，而調整個人身體狀態，也能獲得「體能管理能力」，在最終達成目標時，更可贏得「自信」、「自尊」與「目標達成能力」。在鍛鍊未來人生中最重要的「創造力」與「獨創性」上，上述能力都將成為堅實的基礎。在學習期間，一個人的所有力量將同時快速成長。

另一方面，各種負面的態度也將一一被除去，例如「懶散」、「惰性」、「猶豫不決」、「自滿」、「放棄」、「擔心」、「憂慮」、「厭煩」、「偏見」、「意志薄弱」、「恐懼」、「自卑」、「挫折感」、「憤怒」、「虛榮心」、「急躁」、「情緒起伏」、「自我合理化」、「浪費時間」、「抱怨」等。透過自己的力量，讓「我」這個人的心智更加成熟。

其實，這些才是學習的「真正目標」。把「分數提高幾分」、「排名提高多少」，看作是「人生第一等目標」，日子過得心神不寧，這種生活有誰能充滿活力？就像我那時感到厭倦而乏力一樣。讓學習專注在「壯大內心，成就自我」，才是更有意義的。而我卻逃避了「磨練」自己的機會，沒有將眼光放在不久後即將站上人生舞台的自己。或許是我那時分不清楚什麼才是真正重要的吧。越是放下對分數的執著，把目光放在自己身上，壓力越減少，學習也會變得越來越有趣。

就從現在起，把學習的重點從「分數」轉向「內心」吧。再也沒有什麼機會能像現在的學習一樣，可以完全專注在「磨練、強化與堅定內心」的了。年紀越大，每個階段該做的事情越繁雜。多數成人都是靠十多歲養成的心態度過一生。現在這個時刻正是「絕佳的機會」，一個讓自己內在充滿良善、去除惡習的機會。只要透過學習讓自己完全專注，就能辦得到，就能讓自己成為更好的人。

人生的成敗取決於一個人「內心的力量」有多強大。千萬別錯過這個階段！這是讓我們內在充滿良善、去除惡習的機會，也是讓我們「靈魂變得強大的絕佳機會」。

✦ 所有科目都有值得學習的原因

你是否曾經這樣抱怨過？

「我懂得讀國文，也會寫國文，為什麼還要學國文學到這個程度？」

「我骨子裡就是個韓國人，也從沒想過要出國，為什麼還要學英文？」

「唉，為什麼一定要學數學？反正以後也用不到啊。」

我也那樣抱怨過。在背求圓錐體積的公式時，心想：「我這一生會有靠這個吃飯的時候嗎？」在腦袋快要無法負荷的韓文課上，也發過牢騷：「夠了！我又沒有要當國文老師，會說母語不就好了嘛！」因為我只用「能否派上用場」的狹隘標準來看各個科目，自然感受不到學習的樂趣。我不知道這麼努力做那些毫無意義的事情，是為了什麼，甚至對自己感到失望。我把學習當成了天下最沒有意義的、浪費時間的事。這些想法，全都源於「錯誤的標準」。我不該只想「能否派上用場」，而是應該思考我從中「能獲得什麼」，用這個標準來看待學習才對。

所有學習的目標，都是為了獲得「在這個世界上生存下去的力量」。尤其是國文、英文、數學等基礎科目，與其說是為了派上用場才學習，不如說是為了培養「人生必備能力」。要是我早點領悟這個道理該有多好，只是當時的我渾然不知。無論是國文，還是數學，我都只關注課本上「白紙黑字的內容」。從未想過我在學習這些科目的同時，「有助於我未來人生的力量」也得到強化。所有科目都有「值得學習的必要」，這是任何人都一致認同的。我們一科一科來看吧。

國文

我經常發現自己的語言結構有問題。像這樣覺得自己詞彙貧乏、表達能力低落的時候，我的話變得牛頭不對馬嘴，大腦無法掌握前後脈絡。

——尹胎鎬漫畫《未生》

無論做什麼事情，我們都得不斷說服能幫助我們夢想的人，也必須隨時接受別人的意見，這時就絕對需要話語和文字，也就是「語言」。再說只有透過學習國文才能累積「豐富詞彙」和「活潑生動的表達能力」，不僅有助於人與人之間的溝通，也是讓我們腦中想法更精采豐富的必要能力。

> 人們的想法以語言呈現，語言必須有脈絡，才能形成意義。換言之，缺乏詞彙，想法就不可能豐富；無法釐清語言的前後脈絡，就不可能有邏輯清晰的想法。
>
> ——朴慶哲《人生就像煮開水，沸騰前的累積才重要》

讀完這句話再仔細思考，真令人害怕。意思是，我們只能在自己所知的詞彙內思考。是的，所謂的想法，如果真要給個定義，其實只是還沒說出口的話，在我們腦中已經組成詞彙、句子了。沒有人在思考的時候，能編造出從未聽過、看過的詞彙。不過，一個擁有強大詞彙能力的人，即使腦中有個不著邊際的想法，也能更具體明確地整理下來。唯有努力學習國文科，才能獲得這個能力。如果對國文科的學習拒之千里之外，別說是說服別人，就連自己內在的想法，也會變得模糊不清。

如果每到重要時刻，我們總是「腦袋打結」，那麼毫無疑問，我們的人生必定無法走上康莊大道。為了用更豐富精采的，並且兼具深度與廣度的思考，來照亮我們的人生，就必須學好國文。單就韓國統計廳的問卷調查結果來看，也能徹底了解學習國文的重要性。該問卷依據職業細分受試者後，提出以下問題：

「國文能力對你的職業有決定性的影響嗎？」

仔細分析調查結果，出乎意料的是，就連和國文看似毫無關聯的職業，也認為國文能力非常必要。所以說，學習國文不是「想當國文老師的人」才需要的。因為無論做什麼事情、怎麼做，我們都必須透過語言和其他人持續溝通才行。要不是許多成人長大後悔莫及，又怎麼會去買《國文能力養活我》這類幫助國文學習的書？而這些書又怎麼會一上市，立刻成為暢銷書？

國文將會對我們的人生帶來決定性的影響，

國文能力對你的職業是否有影響？

職業類別	是	否
行銷販售相關	72.7%	9.1%
管理、會計事務相關	54.5%	9.1%
農林漁業相關	54.5%	9.1%
教育研究相關	45.5%	27.3%
建設相關	72.8%	0%
老人	90.9%	0%
主婦	100.0%	0%
學生	100.0%	0%

無論我們「做什麼」、「怎麼做」，我們的人生絕對需要學好國文。

英文

根據《心理學》（*Psychological Science*）期刊介紹的一項研究結果，比起學習單一語言，學習兩個以上的語言時，大腦處理語言的「速度」變得更快。我們所謂的「想法」，是以詞彙或句子的形式縈繞在我們腦中，而沒有從嘴裡發出聲音。所以「語言處理速度加快」的意思，就是「能更快、更精確地釐清腦中的想法」。換句話說，就是變得「聰明」。

除此之外，面對人生初次遭遇的困難、意料之外的變數，英文學習也能培養我們更有智慧、更彈性應對問題的能力，這正是「認知彈性」（cognitive flexibility）。這是我們在人生中遭遇危機，感到難過鬱悶時，可以派上用場的能力。也就是說，英文絕對不只是為了和外國人溝通才學習。

當然，英文是國際語言，無論我們未來從事什麼職業，英文能力都是必要的。一份針對三百四十四名企業人事主管進行的問卷調查，也呈現這個事實。在詢問他們「挑選新進人員時，為什麼英文能力左右應試者的通過與否？」的問題後，竟有多達六七・三%回答「因為處理業務需要英文能力」，另外二七．四％回答「因為我們正籌備海外業務」。國與國之間的聯繫，已經如此緊密，幾乎到了不會英文就無法溝通的程度。

即使把目光放在眼前，進入大學後，有許多課程使用的教科書從第一章到最後一章都是英文。這當然是為了將全球最新的研究與日新月異的內容，即時傳授給學生。今日已是如此，未來想必會更廣泛使用。

要想實現人生的目標，英文能力不可或缺。如果只因為厭煩，或是懶惰而推遲學習，我們的人生就可能被阻擋在「英文」這個門檻前。那樣的話，對自己的人生會有多麼愧疚啊！

數學

乍看之下，探究人生經驗與智慧的學問「哲學」，和計算數字與圖形世界的學問「數學」，似乎毫無關聯。不過令人驚訝的是，古希臘著名哲學家「柏拉圖」，就在自己創立的「哲學學校」正門，寫上大大的一行字：

「不懂數學者，不得入內。」

這不僅是口頭上的告誡，甚至「哲學學校」的入學考試，也都是數學題。在柏拉圖看來，沒有好好學習數學，以此嚴厲磨練心智的人，沒有資格從哲學中學習人生。柏拉圖很清楚這點。

「學數學的人，才會變得聰明！」

沒錯，學習數學能鍛鍊我們的心智，提高我們的所有能力。將各種數學公式放入腦中，適時加以運用，能強化「記憶力」；找出題目要求的答題方向，仔細閱讀題目，能培養「觀察力」；專注思考各種解題的方法，也能快速提升「推理能力」。有時忘記解題的公式，絞盡腦汁找出解答方法，能加強「創意」；有時放棄解答困難的題目，反覆閱讀答案卷，也能增加「理解能力」。即使是計算再簡單不過的算術問題，也會因為不願犯錯的本能，想要追求「完美」，進而堅定「對待人生的態度」。越認真學習數學，我們越快進入沉浸的狀態，心智越發成熟。

雖然數學的確是計算數字與圖形世界的學問，不過沒有比數學更能磨練我們意志力的了。如此鍛鍊出的意志力，在數學之外的任何領域，也都能讓我們有更好的表現。透過數學，我們變得更加睿智，並且為睿智的人生做好準備。數學成就了那樣的我們。

探究人生經驗與智慧的哲學家柏拉圖，之所以那樣強調數學的學習，原因就在於此。他也說過下面這樣的話：

「十年內一定要推動立法，讓所有人學習數學！」

這不是錯將自己當成「數學家」所提出的莫名其妙的主張，而是「哲學家」式的「理想主張」。

不只是國文、英文、數學三個科目如此，求學階段的所有科目，都有許多「值得學習的原因」。只要抱持勤奮向學的心，找出這些原因即可。請睜大眼睛，找出值得學習的原因，並且時時反覆咀嚼。如此一來，我們才不會錯過這些像辦桌一樣豐盛的「好處」，滿載而歸。

✦我們都是堅強勇敢的人

是時候說些內心話了。各位百分之百相信自己嗎？直到生命結束為止，陪伴我們最久的人，正是我們「自己」。可是，我們真的完全相信自己嗎？

多數人的答案是否定的，我也不例外。我絕對不相信我自己。因為根據我長久對自己的觀察，還真沒有什麼「值得信賴的理由」。然而「不值得信賴的理由」卻是與日俱增。那個四處宣揚自己已經有所覺悟，卻又矢口否認，忘得一乾二淨的我；那個卑鄙地躲在理由、藉口和謊言背後，畏首畏尾的我；那個稍微吃一點苦，就立刻腳底抹油，逃得無影無蹤的我，讓我怎麼也無法相信自己。

由於不相信自己，導致信心低落，因而拿不出挑戰的勇氣，我又因此更不相信自己，於是落入反覆的惡性循環中。

要是能一口氣斷開惡性循環的枷鎖，換言之，要是我們能試著相信自己一次，哪怕是勉強相信，就能停止這個惡性循環。至少嘗試一次也好。如果不相信自己，我們的學習必定走向失敗。那是因為我們用「耗損的原理」來看待學習。

耗損的原理——正如越用越耗損，最後無法使用的乾電池，或是燃燒的蠟燭逐漸化為蠟油而流失，我們越是認真學習，「精力」和「能力」耗損越多，最後乾涸見底的原理。

要是我們不相信自己，用「耗損的原理」來看待學習，我們將會變得害怕學習，擔心學習消耗了我們。「我的『精力』有限，『能力』也有限，如果再繼續逼迫自己，恐怕只剩一星半點的『精力』和『能力』，立刻就會消耗殆盡。」於是這些人對努力專注學習卻步，也不願意增加學習時間。當然也害怕投入學習。「我現在才拿出一丁點精力讀書，就已經這麼累了，如果真要認真讀書，那種痛苦程度肯定超越想像吧？」他們只擔心熬夜讀書，「隔天會不會很累」。「我的『精力』和『能力』有限，如果過度消耗這麼寶貴的自己，叫我該怎麼辦？」

登登！大錯特錯。可能有讀者已經發現，在學習方面，絕對不存在「耗損的原理」。學習不適用「耗損的原理」，而是「強化的原理」。

強化的原理——正如提舉重物的手臂在痠痛感消失後，肌肉越發強壯，或是每用槌子敲擊一下，生鐵就變得越堅硬，我們越是認真學習，越能產生更多「精力」和「能力」，最後變得無比堅強勇敢的原理。

學習適用的是「強化的原理」，我們的「精力」和「能力」不受限制。不僅不會耗損，反而越是使用，「精力」越旺盛，「能力」越強大。只要堅定決心，連續苦讀一個月，我們肯定會成為和一個月前的自己截然不同的人。學習能讓人成長，這個成長也包含了「精力」和「能力」。再說，我們實際上也不如自己所想像的那樣軟弱渺小。我們都是堅定、強壯、勇敢的人，只是我們沒有給那個「堅定、強壯、勇敢的自己」機會而已。即使心無旁騖，一口氣讀到深夜，或是在學習的過程中遭遇失敗、挫折，我們也不會因此耗損。

所以請相信自己。相信自己不是那樣軟弱無能的人，而是堅強勇敢的人。就算是懇求自己相信也好。如果還是相信不了，我來讓各位看幾個「值得相信的證據」，請睜大眼睛，好好看清楚了。

「沒想到我可以讀書讀到這個時間，這樣可以相信自己了吧？」

「我今天讀了這麼多喔！這樣你還不相信自己嗎？」

只有相信自己，我們的每一天才能竭盡全力。不是有句話說「相信自己，才能走完這一生」嗎？無論我們在哪裡，做什麼事，如果缺乏對自己的信任，要如何走過八十年的人生？請利用學習的過程，逐漸找回對自己的信任吧。從經驗中證明自己是「堅定、強壯、勇敢的人」吧。無論未來在哪裡，從事什麼工作，唯有這炙熱的領悟，才能讓自己成為「說到做到的人」。

◆適合堅定內心的日子

鳥兒們在風勢最猛烈的日子築巢，是為了造出能抵禦強風的堅固巢穴。颱風來臨時，樹枝倒的倒，斷的斷，鳥巢卻依然不動如山，原因就在這裡。只是要在強風吹拂的日子築巢，鳥兒得多麼辛苦啊？等到風勢緩和再來築巢，想必會輕鬆不少吧。無論是叼來樹枝，還是以鳥嘴搗碎泥土，肯定毫不費力。然而這樣的結果是不理想的。在強風中建造的鳥巢，能捱過猛烈的風勢，然而在風和日麗中建造的鳥巢，卻可能因為微風而傾覆。

——二〇一〇年四月十九日《東亞日報》A30面，〈鄭浩承的清晨書信〉

我們的學習好比鳥兒築巢。只有在風勢最猛烈的日子，也就是無法打起精神，怎麼也不想讀書的日子，或是心情跌到谷底，只想整天耍廢的日子，才是最適合堅定學習意志的日子。這是鍛鍊內心的絕佳機會，讓我們在任何狀況或條件下，都能不為所動。

在學習欲望強烈、身體狀態良好的日子，無論是靈魂強大的人，還是靈魂脆弱的人，任何人都能學習，任何人都能堅定意志。然而在風勢最猛烈的日子，情況完全不同。這天，誰是「真正迫切渴望學習的人」，誰是「做做樣子的人」，都能看得一清二楚。能夠抵禦強風的堅定的心，只有在風勢最猛烈的日子才能鍛鍊出來。而唯有那樣鍛鍊出來的心，才能讓我們成為靈魂強大的人。

我相信，你一定會成為「靈魂強大的人」。

靈魂強大的人的十個特徵

靈魂強大的人，具有什麼樣的特徵呢？

第一，建立生命正確的目標，盼望以自己的力量實現目標。

第二，深知生命的主人是「自己」，將學習的重點徹底放在「成長」。

第三，不停止磨練自己、砥礪自己、督促自己。

第四，用行動下定決心，並且用勤奮證明決心。

第五，如果是自我成長必經的痛苦，絕不逃避，欣然接受。

第六，不斷累積值得信賴的理由，最終完全信任自己。

第七，不急著爬上高處，而是憑著耐心向下挖掘。

第八，擁有「過人的毅力」，盡力揮灑最後一滴汗水。

第九，我是「這個世界上最懂得管理自己內心的人」。

第十，真心熱愛自己只有一次的人生。

我想再次告訴各位。現階段的學習，是千萬不可錯過的「絕佳機會」。這是讓我們靈魂更加堅強勇敢的「絕佳機會」，就這麼浪費不是太可惜了嗎？

使用這個機會的方式，將決定能否全盤改變我們的人生和命運。而這一切全都取決於我們的「選擇」和「行動」。

05 願意吃點苦的瞬間，一切都變得不同

內心也有肌肉。沒有什麼事情一開始就做得好。但是經過每天練習，某天你將會發現自己不知不覺克服了各種困境。

——孔枝泳《一根非常輕的羽毛》

丟掉一步登天的如意算盤吧。坐而言不如起而行。抱定必死的決心，就一定辦得到。不要沒有全力以赴，只想為自己人生找藉口。

——美國企業家亨利．福特（Henry Ford）

以下是關於一顆紅棗的詩。

它不可能自己變紅
那裡面有幾場颱風
那裡面有幾聲驚雷
那裡面有幾道閃電

——張錫周〈一顆紅棗〉

請想像一下紅棗在變紅之前，全身經歷的那些痛苦。是的，這個世界沒有不勞而獲的。也許我們真正需要的，是大呼「吃點苦算什麼」的精神力量吧。仔細回想，過去我們為了少吃點苦而不斷逃避，反倒讓我們的身體和心靈都受到更大的折磨。

也可能是因為害怕在前。據說溺水死亡的人，一半以上都是在水淺的地方，只要伸直雙腳就能站起來。殺死他們的不是水，而是「自己的心」。他們被「錯誤恐懼」懾服，以為眼前的大水即將吞噬自己。換言之，我們的內心可以殺死我們，也可以拯救我們。

別逃避，也別害怕在前，勇於承受「自己該承擔的痛苦」吧。就像那顆紅透的紅棗一樣。在蟲蛹羽化為蝴蝶的過程中，蝴蝶經歷了全身撕裂般的極大痛楚。因為蝴蝶必須從圓滾滾的蟲蛹中，通過針孔般大小的縫隙破蛹而出。遺憾的是，即便這時為辛苦的蝴蝶剪開縫隙，開出一條路來，蝴蝶反而終生無法展翅飛翔，只能無力地在地上掙扎。當蝴蝶竭盡全力穿過極小的縫隙，全身分泌出的液體將為翅膀潤滑，如此鍛鍊、訓練出的翅膀，才能飛上天空。

受苦的過程或許難受，然而我們卻能獲得相應的成長，變得更加強壯。我們現在如此辛苦的「真正原因」，也許在於過去本該勇於承擔的痛苦，我們卻視而不見。所以我們才沒能擁有一雙受過鍛鍊、訓練的翅膀。

可以逃避的話，當然會想逃避，不過就我們整個人生來看，現階段的辛苦絕對是必要的。想方設法逃避並非明智之舉，而是「愚笨無知」。「如果是我必須承擔辛苦，我樂於面對！」這種態度才是正確的選擇。若非如此，我們的人生就無法成長。

莎士比亞也這麼說過：

「痛苦呀，折磨呀，全都來到我這裡吧！在這背後，必定有同等的喜悅！」

✦現實生活中沒有魔法棒或神燈

在我們兒時閱讀的童話書中，各種魔法和妖術令人眼花撩亂。主角只要揮舞魔法棒或輕撫神燈，就能輕而易舉獲得渴望的東西。「咻」一聲，願望立刻實現。不過這只是「童話中的世界」。

我們生活在現實世界，而非「童話中的夢想國度」。在現實生活中，絕對沒有「咻」一聲就能心想事成的事情。不肯付出合理的辛勞和努力，就不可能有所收穫。要想實現期待的目標，就必須忍受「相應的痛苦」。無法承受重量的人，終究無法獲得王冠的加冕。即使無意間獲得王冠，最終也無法守住這頂王冠。

所有的夢想，都有所謂的「價目表」。這個價值只能用我們投入的精神勞力來支付。不願付出勞力代價的人，自然實現不了夢想。我們可以接觸、嘗試各式各樣的夢想，但是在付出代價之前，這些夢想絕對不會是我們的。對於不願付出合理辛勞的人來說，再怎麼遠大的夢想，都不過是「不切實際的欲望」而已。沒有準備好接受勞苦的目標，只能是「妄想」，不是「目標」。

一臉茫然地望著海洋，終究無法橫渡大海。唯有敲敲打打造出船隻，揮汗搖槳，時而與浪濤奮戰，時而忍受熾熱的豔陽，經過這許多「艱苦」，才能橫渡大海。「我要橫越海洋！」「真想渡過這片大海！」即便這些話說到口乾舌燥，如果心裡沒有做好和浪濤、豔陽對抗，忍受艱苦的準備，最終也無法橫渡大海。所謂實現夢想的決心，必然包含了願意支付這個夢想的「價目表」上標示的「勞力代價」。「如果是實現我的目標必須付出的辛苦，我樂意承受。」這種人才有資格擁有夢想。

「搞不好運氣好，可以不勞而獲。」這種如意算盤想都別想。這個世界不如我們想像的那樣簡單，即使是這個當下，仍有許多競爭者承受著痛苦，一邊朝向他們的夢想前進。

實現目標的過程不像棉花糖那樣甜蜜。有時得承受舌尖著火般的辣味，有時是無法抵擋的鹹味，彷彿嘴裡含著滿滿的海水，有時好不容易忍受完鹹味，舌根卻又傳來苦菜般的苦味。當我們一忍再忍，涕淚橫流，大呼「我再也忍不下去了！」的時候，嘴裡這才泛起微甜的滋味。在此之前，一切都是不便的、無趣的、辛苦的。

有心讀書的人，不會只想到「最後泛起的甜蜜滋味」。他們必定勇於承擔「舌尖火燒般的辣味」、「滿口鹽巴的鹹味」、「不亞於苦菜的苦味」，也必定懂得正面突破自己該承擔的痛苦。

孟子說：

「天將降大任於斯人也，必先苦其心志，勞其筋骨，餓其體膚，空乏其身，行拂亂其所為，所以動心忍性，曾益其所不能。」

現階段的學習，正是「承受痛苦的時期」。為了我們渴望實現的夢想，為了終將獲得的甜蜜滋味，讓我們欣然接受痛苦吧！承受痛苦的強度，將決定我們能力的高低。

✦在熟練之前，必然會感到無趣

學習的樂趣取決於「耐性」。在我們掌握學習訣竅前，必然得經歷無以復加的無趣。即便拿遊戲來說，也沒有人一開始就擅長任何一款遊戲。在遊戲初期，不僅不了解遊戲規則，也不懂得使用特技，感受不到遊戲的樂趣。儘管如此，我們還是忍了下來，先登錄遊戲，經過一陣子無聊甚至白費力氣的努力，有時靠在遊戲高手的身旁，觀察他們怎麼進行遊戲。如此一來，我們也在不知不覺間變得熟練。而在遊戲步上軌道後，我們才真正感受到遊戲如此有趣，甚至讓人無法自拔呢。

世界上任何一件事情，一開始在我們面前都不會是康莊大道。康莊大道是由我們開墾出來的。即使是那樣有趣的遊戲，也得忍耐最初無聊的階段，才會進入趣味十足的階段；同樣的道理，單憑短短幾天的抱佛腳，學習不可能變得有趣。一開始學習某個範圍的內容時，必定備感陌生。這裡看看，覺得生疏困難，那裡看看，又像是生來初見，怎麼可能會覺得有趣？明明已經花了許多時間讀書，頁數卻依然停滯不前，真叫人連連嘆息。答案卷再怎麼看，也無法理解字面的意思；即使把重點整理讀到幾乎背下來的程度，不久後也會忘得一乾二淨，實在找不到任何讀書的樂趣。不是我們愚笨，這本就是理所當然的。因為這些都是第一次接觸的內容。無論是全校第一名，還是吊車尾的學生，都是一樣的。

但是，「如何」應對這個情況，將決定勝利者與失敗者。面對我們尚未熟練，理所當然「索然無味的階段」，我們所採取的行為，將帶來截然不同的結果。「勝利者」沉著穩定地度過這個階段，他們知道再怎麼無聊、不便、煩悶，要想求好表現，就必須在這個階段吃點苦。他們懂得說服自己，如果不肯吃苦而急於逃避，學習終究無法駕輕就熟。所以他們終能成功跨越難關。

然而「失敗者」誤以為這個「索然無味的階段」沒有盡頭，尚未嘗試就感到恐懼。相較於即將面臨的辛勞，他們心中想像出的是更可怕的怪物。他們當然也想求好表現，但是一想到要吃苦，忽然變得心灰意冷。如果是這種態度，稱不上「有心求好表現」。「如果可以不勞而獲，該有多好？要我努力去爭取，那實在太麻煩了。」於是，他們一次次在難關面前徘徊，最後不了了之。有百分之七十的競爭者，在這個階段自動淘汰這個猶如霧裡看花，「第一次學習陌生內容的階段」。換言之，他們沒能挺過最無趣的階段。所以才會誤以為學習毫無樂趣可言。

當我們再次接觸只學過一次的東西，肯定會比一開始更輕鬆。即便依然無法了解所有內容，不過至少已經看過整個架構，掌握大方向的眼光已經發展成熟。再怎麼忘得一乾二淨，要再重新複習過去背過一次的內容，只需要之前花費時間的四分之一就夠。假設之前已經寫過題本了，第二次再寫的時候，只要針對之前答錯的題目練習即可，自然能節省時間。如果第一次讀花了四天，第二次只需要一天就能整理完成。最重要的是，其他已經學過的內容將會交替出現，這時心中也才有漸入佳境的感覺，學習變得越來越有趣。不過另一方面，這個階段依然得吃不少苦。所以其餘百分之三十的競爭者，大多沒能挺過「第二階段」而淘汰出局。

相同的範圍讀第三遍、第四遍，自然越來越熟練。如果之前已經按部就班讀過兩遍，現在多讀一遍只需要一兩個小時。許多內容已經相當熟悉，再也不會有一知半解、心有不甘的感覺。在這個階段，主要針對讀第一遍、第二遍感到困難的部分和答錯的題目，來掌握整體的內容。有時繼續挑戰更深的內容，有時回過頭仔細複習所學。可以說是越來越不費力，越來越感到樂趣的階段。但是我們不只要讀一兩個科目，如果沒有妥善運用時間，所有科目必然無法在這個階段畫下句點。只有少數真正有心學習的學生，才能把所有科目的全部範圍讀過五遍以上。許多學生還不熟悉如何讀書，感受不到樂趣，卻在漸入佳境之前，便直呼「讀書太辛苦」，紛紛逃跑。最後錯過了學習變有趣的機會，豈不可惜？

從第五次開始，學習正式進入有趣的階段。因為是一遍遍讀過再放進腦中的內容，第一次讀花費四天的內容，如今三十分鐘綽綽有餘。學習在這一刻變得趣味無窮。這個階段正是快速瀏覽過去，重新整理學過的內容，加深印象的階段。每翻過一頁，所學的內容便一一浮現，映入眼簾的每道問題都能立刻想起答案，相關概念也都在腦中清晰展開，我們因此得以享受學習的喜悅。我也在品嘗過這樣的滋味後，學習的欲望再也沒有熄滅。因為我親身領悟了學習越熟練，樂趣越無窮的道理。如此獲得的領悟，終生難忘。

在學習熟練之前，必然是無趣的。只憑簡單、短暫的嘗試，就想一勞永逸的投機取巧，不會有好的表現。在擅長學習之前，必須付出全力。換言之，在竭盡所有努力之前，不可能獲得任何結果。吃點苦是必要的。所以說學習的樂趣，大多取決於「耐性」。

◆難以跨越的山不等於無法跨越的山

我認為像數學或英文這類「需要階段性學習的科目」，如果無法跟上學校的進度，就需要果斷的決心。意思是，學過的內容一定要再次複習。因為上個學年該學會的內容，如果沒有在腦中打好基礎，之後每次學習新的內容時，就容易綁手綁腳。就像我過去那樣。

其他科目就算去年囫圇吞棗，只要今年學習的內容認真消化吸收，多數問題都能得到解決。不過數學和英文絕對不是這麼回事。如果沒有打好基礎，不僅上課怎麼也聽不懂，在寫題目時，也會有許多部分遭遇阻礙。之前學得一知半解的單元，必定困擾我們到最後。在我們學會之前，這些單元的內容將一再出現於各種題目中，讓我們無法喘息。因為感到丟臉、厭煩，就置之不理，這些問題甚至可能影響到我們的人生。即便下定決心衝刺的時間較晚，學校進度已經教過的內容，也一定要重新仔細複習才行。

如果是長時間沒有接觸英文，後來才下定決心學好英文，那麼當務之急自然是熟背單字。從最簡單的單字開始，背到自己就讀的學年為止。因為單字量不夠，就無法學好聽力、閱讀、文法。抱定背水一戰的決心努力學習，總有一天必能撥雲見日，洞悉英文訣竅。

數學也是一樣的。如果有不熟悉的單元，即便是上個學年的題本，也務必要拿出來徹底練習。「如果是我必須承擔辛苦，我樂於面對！」這才是正確的態度。在那段沒有任何基礎的歲月，我也顧不上丟不丟臉，整天抱著小學生專用題本練習解題。別因為是數學就感到害怕，請利用寒暑假兩個月的時間，付出超乎常人的努力，試著每天練習十個小時。看是數學贏了我，還是我贏了數學。

除了英文和數學，準備其他科目的方法也大致相同。只要全心投入，揮灑熱情，問題必能迎刃而解。我們不是「不會」那一科，而是「還沒」努力到看見成果。我們沒有竭盡全力，只想快速取得成效。就像飯還沒有煮熟，卻已經站在飯鍋前張大嘴巴的人一樣。這不是有心學習的人該有的態度。

別高談闊論什麼學習效率，故作精打細算的樣子，我們目前最迫切需要的，是盡情揮灑無窮無盡的精力和時間，甚至是「有點傻的努力」。明明只要多勤奮一點，我們也能辦到的事情，卻一拖再拖，直至今日也沒有完成的事情，實在數不勝數。這哪裡是缺乏能力的問題，是「缺乏吃苦」吧。

難以跨越的山不等於無法跨越的山。爬上山只會讓我們感到疲累。然而如果沒有決心，沒有告訴自己「就算有點辛苦，我也一定要爬上那座山！」那麼那座難以跨越的山，對我們而言就是一座無法跨越的山。對「辦得到的事情」感到厭煩而一拖再拖，這些事情終將成為「辦不到的事情」。

學習這件事，確實是一座難以跨越的山，不過絕對不是無法跨越的山。如果你認為學習就像一座無法跨越的山，那或許是你還不具備「吃點苦算什麼」的精神力量。

✦ 享受真正美好的時刻

學習特別得心應手的那幾天，返家路上的腳步總是無比輕快。心裡沒有任何罣礙或不安，一派輕鬆愉快。每到這種日子，無論剩餘的時間再怎麼有限，該做的事情再怎麼多，總覺得都能游刃有餘地完成。那些令我心情愉悅的荷爾蒙，似乎在我體內如煙火般四處綻放。回想當天，我妥善運用了每分每秒，已經不能表現更好。迎著夜晚舒爽的空氣和徐徐吹來的微風，內心深處油然升起一股踏實的感受，我也不知不覺地哼起歌曲。走在回家的路上，我充滿信心，相信自己的目標一定會實現。那天雖然躺下來睡覺，卻怎麼也睡不著。因為在結束當天的學習後，依然保持高度運轉的大腦，實在克制不了興奮的狀態。我對自己的崇拜和感嘆，久久縈繞在胸口。

在求學過程中，我所經歷過最閃耀的時刻，不是首爾大學法學院公告錄取的那一刻。我最閃耀的時刻，是學習特別得心應手的一天結束後，帶著充實的心情整理書包的那一刻；是帶著堅定的信心踏進家門的那一刻；是在床上輾轉反側，得壓抑興奮的心情才能入睡的那一刻。當然，我並不是經常那樣。整個算起來，可能還不到百次。即便如此，我還是有信心這麼說：「那些日子，是我一生經歷的所有時光中，最閃耀的時刻。」

奇蹟不會發生在考試現場。考場中忽然出現的意外好運，我從未經歷過，也沒看過、聽過。但是奇蹟並非不存在。我的意思是，奇蹟不會發生在決定性的瞬間，而是出現在「準備的過程」中。原本鴨子聽雷的課程，竟能從頭到尾聽懂；原本不知所云的課本內容，竟能不看課本也能流利說明；一看這個題目，答案立刻了然於心，一看那個題目，眼中立刻出現整套解題過程，這些奇蹟都能在「學習的過程」中盡情體驗。

這些時刻是如此美好。希望各位一定要親身體驗看看。要想達到那樣的程度，就不能逃避自己理應承擔的辛苦，必須做好勇於承擔的覺悟，並且在真正熟練之前，即使索然無味，也要咬牙堅持下去。

我相信，你一定會成為「享受美好時刻的人」。

望梅止渴

有一年夏天，曹操率領部隊去討伐張綉。天氣熱得出奇，驕陽似火，天上一朵雲也沒有。部隊在彎彎曲曲的山道上行走，兩邊都是被陽光曬得滾燙的山石，天氣熱得讓人透不過氣來。到了正午時分，士兵的衣服都濕透了，行軍的速度也慢下來，有幾個體弱的士兵竟暈倒在路邊。曹操見行軍的速度越來越慢，擔心貽誤戰機，心裡很是著急。可是眼下幾萬人馬連水都喝不上，又怎麼能加快速度呢？……

曹操眼珠一轉，一夾馬肚子快速趕到隊伍前面，用馬鞭指著前方說：「士兵們，我知道前面有一大片梅林，那裡的梅子又大又好吃，我們快點趕路，繞過這個山丘就到梅林了！」

士兵們一聽，彷彿已經將酸酸甜甜的梅子吃到嘴裡，頓時口舌生津，精神大振，步伐不由得加快了許多。

——王春永《三國演義100名言》

成語「望梅止渴」出自這則故事，意思是單憑「內心」的想像，就能發揮力量。學習越是無力的時候，我們越需要靠「望梅止渴」的力量帶動自己。

堅定學習的心，也可以視為望梅止渴的延伸。學習有時令人疲憊，有時口渴難耐。不過請記住，這些辛苦一定會有盡頭，而在這個盡頭，令人歡喜的甜美果實正等待著我們。

PART 3

鍛鍊內心的瞬間，學習變得有趣

猶太家庭和韓國家庭參加了釣魚比賽。雙方父親都具備優秀的釣魚實力，不過孩子們今天都是生平第一次釣魚。猶太父親先讓孩子們坐下，上一門釣魚課，傳授如何握釣竿、掛魚餌，以及取下上鉤魚兒的訣竅。儘管聽課的過程有些枯燥，孩子們都發揮出不錯的釣魚技巧。當然，只要父親暫時離開，孩子們就忙著其他事情。然而韓國父親許久未拿出釣魚竿，反而先在孩子們心中描繪第一次釣魚時的悸動、緊張刺激的手感、拉上魚兒的畫面。只有新鮮肥美的生魚腹肉才能品嘗到的鮮嫩肉汁，也在韓國父親的生動介紹下，令人口水直流。被韓國父親的說明深深吸引的孩子們，紛紛纏著父親，要父親教他們釣魚的方法。最後，他們終於將釣魚竿拋向大海。

猜猜看，當天釣魚大賽的勝利，會落在哪一方的家庭手中呢？

06

不必和別人競爭，和過去的自己競爭

我唯一的競爭者是昨天的自己。

——女芭蕾舞者姜秀珍

超越自我的瞬間，就是顛峰。

——征服聖母峰的登山家許永浩

在學習這場「競爭」中，當然有贏得勝利的方法。那就是停止和別人的競爭。「這是什麼莫名其妙的話？要我們在有對手的比賽中放棄競爭！」聽來或許有些唐突，不過如果是曾在競爭中大獲全勝的人，想必會認同這個道理。我的意思是，停止和跟自己不相上下的競爭對手你追我跑的消耗戰，全神貫注在和自己的對抗吧。

當然，在學習的同時，我們有時也得注意別人的一舉一動。即便如此，這也只限於「決定目標，擬定計畫的階段」。在這個階段，當然要和別人互相比較，仔細檢視自己的狀態。假設自己落後了，落後別人多少？假設自己超前了，那又超前別人多少？如此一來，我們心裡才有個底，知道自己該學習「什麼」、「如何」學習、學習「多少」。想要掌握自己的優點和缺點，也需要和別人比較。看清楚自己比別人更厲害的地方、比不上別人的地方，才能知道自己該專注在哪裡。這種時候，不妨多積極比較自己和別人，將「比較」視為更了解自己的工具。

然而進入真正學習的階段後，情況便截然不同。競爭者之類的對象，務必從心裡徹底清除乾淨。連照顧自己內心的時間都不夠了，還把時間浪費在觀察別人，這是最笨的舉動。我們所有的心力，都應該徹底花費在「自己」和「自己的學習」上。

✦ 競爭者是吞噬學習欲望的吸血鬼

「要有競爭者，讀書才會讀得好。」這句話是謊話。好勝心被激起的瞬間，確實會更拚命學習，但是好勝心的壽命比我們所期待的要短，最大的問題是，帶著競爭心學習，會為我們帶來許多「副作用」。

首先，競爭對手有很大的機率是和我們不相上下的朋友。面對一個比自己更加優秀，優秀到已經無法激起我們好勝心的朋友，我們幾乎不可能將他視為競爭對手吧。通常比自己「稍微」厲害的朋友，才是我們的競爭對手。然而過不了多久，這些朋友已經逐漸起不了任何幫助。當競爭對手表現比我們好，我們或許會受到刺激，不過更多的是心靈受創；對競爭對手看起來不怎麼努力，我們也會因此鬆懈，學習效果降低。從結果來看，競爭對手正是吞噬我們學習欲望的「吸血鬼」。這和我們起初設定競爭對手的目標完全背道而馳。對我們來說，競爭者可不只是眼前的那群朋友而已，看不見的競爭者有數萬倍之多。可是，如果我們只把眼前的競爭對手當成標準來看，就可能陷入「比較的陷阱」中，誤以為只要比這些朋友表現得更好就行。

我們原本可以進步得更多，也應該要付出更多努力，然而一旦安於眼前的情況，最後只會用「這個程度已經很努力了」來安慰自己。這是錯誤的幻想。競爭對手或許可以帶給我們「短暫」的效果，但是長期來看，大多都淪為自我合理化的工具。

✦六十秒內變得不幸的方法

再說和競爭對手的比較，有個非常大的問題，那就是讓自己變得不幸。我告訴各位如何在六十秒內變得不幸。首先，坐在教室最後面的位置，接著從左邊最前面的朋友開始，依序看著他們的後腦杓，一邊思考這個問題：

「那個朋友有而我沒有，讓我很羨慕的東西。」

什麼東西都好。性格也好、擅長的事情也好、外貌也好、身邊朋友也好、擁有的物品也好。再不然也可以是家境，仔細尋找，並且試著一一列出來。大概到第七個人，就會有所感覺了。覺得自尊心完全崩潰，自己像是一無是處的廢人一樣悲慘。

無止境和別人比較，只會讓自己的心情更糟糕，破壞自己的心情。請別讓自己受到比較的傷害，別拿自己和別人做些毫無意義的比較。

✦戰勝自己的瞬間，等於戰勝所有人

然而競爭必須持續下去。這不是和別人的競爭，而是「和自己的競爭」。常和別人競爭，最後總會怪罪自己沒能擁有的「條件」。而常和自己競爭，反倒懂得接受最真實的自己，懂得反思自我，因而學著彌補自己的缺陷，尋找讓自己成長的方法。別偷偷觀察別人，做「半斤八兩」的比較，把自己當成競爭對手，迎接與自己的對抗吧。

學習是和自己展開的激烈競爭，是一場和自己軟弱的態度拚輸贏的比賽。我非贏不可的唯一一人，正是我自己。戰勝自己的瞬間，等於戰勝了所有人。那麼，怎麼做才是「和自己的競爭」呢？

和過去的自己競爭

首先，把過去的自己當作競爭對手，接著努力在各方面表現得比昨天更好。在展開競爭前，必須先徹底掌握對方，這時就得仔細反省我們的競爭對象——「昨天的自己」。請認真回想昨天一天是用什麼樣的心態讀書，怎麼利用時間，目標學習量達到了多少。

對於自己特別想要進步的地方，應該更具體地深入思考。那可能是「數學實力」，可能是「學習態度」，也可能是「打瞌睡的習慣」或「收拾環境」。又或者是「通勤時間背單字」，甚至是「早上自己起床」。如果有想要改進的地方，首先必須仔細檢視昨天自己的表現。我們才是最了解自己的人。如此一來，才正式開始競爭。目標要在各個方面，都比昨天的自己做得更好。我們必須把昨天的自己，當成強勁的競爭對手，不斷追求贏過昨天的自己。「昨天寫了二十五題數學題，今天要寫二十六題！」「昨天打瞌睡十分鐘，今天絕對不能打瞌睡！」和別人相比時，常會在意「條件」而感到不幸，不過如果是和「昨天的自己」相比，就會在意「成長」而感到踏實。透過這個方式，可以將原本看向外在的目光，轉回到自己的內心。立志要在各方面比昨天的自己表現得更好，並非初階的目標，而是難度相當高的目標。

關鍵在於「各方面」。如果有七項比昨天的自己更好，卻有一項未達目標，就不能說是各方面都有進步。所謂「各方面都有進步」，是需要付出極大努力才能勉強達成的目標。令人心滿意足的日子並不常見。再說，過了比昨天更好的今天後，比今天更好的明天的目標，又將日漸提高。然而為了達成目標而「竭盡全力的過程」，本身就有重要的意義。因為在這個過程中，我們也一點一滴成長茁壯。

請和過去的自己競爭吧。請下定決心要在各方面比昨天的自己更好，並且竭盡全力吧。今天的我，只要贏過昨天的我就好了。而明天的我，再贏過今天的我就可以。如此一來，我們將逐漸成為比過去更好的人。勤奮才是最正確，同時也是最快速的道路。

和最好的自己競爭

在努力比昨天的自己表現得更好的過程中，我們所要競爭的對象，必須是「最好的自己」。別一味跟隨別人，想要表現得像某人那樣，或是達到某人的境界，而是要把「表現得最好的自己」當成目標。我們讀書不是為了成為別人。學習是讓我們更了解自己，成就更完美的自己的努力。學習讓我們活出自我。所以不必和別人競爭，要和「最好的自己」競爭才對。

所謂「最好的自己」，指的就是要在各方面時時刻刻竭盡所能，才能看見的「頂尖的自己」。換言之，從早上睜開眼睛開始，到夜晚就寢為止的每分每秒，在學習心態、生活習慣、情緒管理、時間管理、專注程度、學習分量等各方面，都付出了能夠宣稱無法再付出更多努力的「最大精力」，才能看見的「最完全的自己」，那就是「最好的自己」。成績單上的數字不算什麼，當我們聽見內心發出「哇，我真棒！」的感嘆，才算是成就了「最好的自己」。每天善用時間，日子過得極其充實的自己；用最好的選擇面對人生每一時刻的自己；積極彌補有所不足的自己；所有難纏的壞習慣全部改掉的自己；對管理內心熟能生巧的自己；內心充滿自信與滿足感的自己，這些都稱得上是「最好的自己」。

請和「最好的自己」競爭。不要只是「勉強應付的努力」、「見好就收的熱情」，而是要和最好的自己來場正大光明的對決。請好好表現給自己看，看自己發揮最佳實力的時候，能夠堅持多久，看自己是多麼令人訝異的人。我們無法變得和競爭對象一樣，但是絕對能和「最好的自己」打成平手。我們隨時都辦得到。不需要其他什麼條件，一切取決於「自己怎麼做」。別忘了，我們一定能變得更優秀。

和自己的極限競爭

和「過去的自己」、「最好的自己」競爭固然重要，不過以下或許才是最重要的競爭。那就是和極限的競爭，也就是和「低潮」的競爭。低潮是我們覺得一切似乎走到了盡頭，全身筋疲力盡，無法再向前邁開一步，恐懼襲上心頭的時候；是信心跌落谷底，整個人陷入什麼也做不好的錯覺，彷彿被囚禁在絕望的深淵中，眼前一片黑暗的時候。

任何人都一定經歷過「低潮」。那段時間，或許可以說是「堅定的內心」徹底發揮力量的時機。我們過去以來鍛鍊的內心，正是為了這時派上用場。

蘭迪．鮑許（Randy Pausch）教授在生命結束前的最後一堂課上如此說道：「極限是為了剔除意志不堅的人而存在。它是讓我們了解自己渴望什麼，又有多麼強烈渴望的機會。極限的目的是要阻止其他人前進，除了抱有熱切渴望的我們。」

我也經歷過幾次「已經到了極限」的時刻。極限這傢伙不是在外面爬行或飛翔的實物，它不過是我自己在心中創造出的怪物而已。那個讓我害怕在前，心想「我果然不行！」「我只能做到這個程度吧！」「我怎樣都還是不行吧！」因而自己畫出一條界線的，就是「極限」。每當此時，我總會陷入低潮中。如果我們不把它看作是極限，極限就不可能存在我們心裡。要是那時我懂得告訴自己：「確實是辛苦了點。但是區區這點程度，還稱不上是我的極限。」「打不倒我的。越是這樣，我越要往前衝！」極限就不會出現在我的字典裡了。因為決定極限的人，終究只有我自己而已。比起癱坐原地，大喊「這是我的極限了！」尋找「突破極限的方法」，會是更聰明的做法。如果真的有心挑戰，方法隨時隨地都會有。更進一步來說，極限不是天生注定的。極限的高低，取決於我們至今「將極限設定在什麼程度」，「感覺已經是極限的時候，如何採取應對措施」、「是承認到了極限而舉手投降，還是藉此提高可承受的極限值」。

領悟這個道理之後，我整個人脫胎換骨。我不再輕易丟出「極限」的標籤，為此一蹶不振，而是堅信一定會有克服的方法，提高自己可承受的極限值。在那之後，我便鮮少遇到讓我大呼「這是極限了！」而舉手投降的事情。極限果然是我自己在心裡創造出的怪物。

遇到眼前阻礙的高牆，千萬別逃避。請下定決心勇於對抗。別被極限懾服或擺布，靠自己的力量提高可承受的極限值吧。和自己的極限正面對決吧。不必「追趕」別人，只要「超越」自己就好。嚴以律己的人，沒有人能贏得了。別管他人的掌聲，傾聽內心給自己的掌聲就好。我非贏不可的唯一一人，正是我自己。

看好了，戰勝自己的瞬間，等於戰勝了所有人。

◆讓「激勵者」常在心中

和自己競爭的過程中，請在心中懷想一位驅動自己學習的「激勵者」（Motivator），不必非得是競爭對手不可。所謂「激勵者」，是透過個人生命讓身旁的人燃燒熱情的人。這些人是在與自己的孤獨對抗中，贏得最終勝利的人。如果心中存在的是競爭對手，我們總會在意對方擁有的「條件」，不過如果心中存在的是激勵者，我們看見的將是他們「對待人生的態度」。敞開心房，向人生的前輩學習勝利的絕招吧。

或許就在今天，你將會遇見讓你反思自我的人生激勵者。

麥可．喬丹，籃球選手——我總是想變得更好。為了表現出自己最好的一面，我只能練習、練習、再練習。只要我維持高強度的訓練，我的心終究不會背叛我。那些因為扭傷了腳踝就暫停出賽兩星期的選手，我實在無法理解。越是那種時候，我越想憑意志力拚個輸贏。甚至在腰部肌肉痙攣發作，全身不受控制發抖的日子，我一個人就獨得了四十分。我的練習沒有假期。有比賽那天，我清晨就到空無一人的球場，整天一個人練習投籃。因為我相信，我永遠都能變得更好。據說父親有一次遇見隊醫，詢問我身體的狀況。隊醫這麼回答：「喬丹的身體狀況非常糟糕。他染上了流感，還拉肚子。」結果父親開玩笑說：「喔！看來麥可這小子今天比賽會打得不錯！」

EXO團員Kai，歌手——我從九歲開始學跳舞。不管是爵士舞，還是芭蕾，只要是舞蹈，我都先學再說。我學習的時候，很專注在每一個動作上。後來在十五歲的時候，得到一個非常好的機會，於是開始了為期五年的練習生生活。從那天起，我的生活只有練習再練習而已。其他朋友逢年過節都放假去了，只有我留在空無一人的練習室裡。三天假期中，扣除吃飯的時間，其餘時間都在練習跳舞。平常也是一樣的。每天早上，我第一個打開練習室大門，整天在鏡子前面練習跳舞。同時拆解舞蹈動作，思考該這樣跳才好，還是那樣跳才對，調整舞蹈細微的動作。我從沒有停止努力讓自己變得更好。在那段時間，沒有任何一位練習生比我在練習室待得更晚，因為有的時候，我甚至會練舞練到天亮。

朴東鎮，盤索里名唱——我年輕的時候想擁有一副美妙的歌喉，所以在村子的後山上蓋了一座棚子，開始練習發聲。每天平均花費十八個小時刻苦訓練，這是為了達到最高的歌唱境界。練習節拍的時候，我已經無法顧及身體的感受，全然沉浸在打鼓的動作中，直到練習結束，手指指尖全部紅腫發青，雙手甚至無法舉起。睡眠時間也不肯放過，都用在練習歌唱。在月色明亮的夜晚，靜謐的山間只有我的歌聲迴盪。有時過度專注練習，到了眼前一片模糊，齒牙動搖，手指關節無力彎曲的程度，甚至全身發腫，再也無法發出聲音。這種時候，只好使用民間療法將肚子裡令人作嘔的穢物吐出，一次徹底清空，昏昏沉沉好一陣子，再振作精神繼續練習。我從未停止練習盤索里（譯註：韓國傳統說唱形式的表演）。我認為只要我辦得到的事情，我都願意竭盡所有努力。即使必須經過嚴苛的練習，我也要達到最高的歌唱境界。因為我想成為一位偉大的盤索里演唱者。

小野二郎，壽司師傅——我捏壽司已經第八十個年頭了。我唯一的念頭，只有把最美味的壽司端到客人面前。所以我對自己手掌的管理極其嚴格。壽司只能徒手握，如果不好好珍惜自己的手，壽司的美味就會大打折扣。我的手掌已經三十年沒見過陽光了。無論春夏秋冬哪個季節，如果沒有戴上手套，我絕對不出門。因為如果任憑手掌受陽光照射，使得手掌變硬或變得粗糙，壽司的滋味也會受到影響。當然，任何可能傷及手掌的事情，我絕不會靠近一步。我也不塗抹任何化妝品，擔心會有一絲味道沾上手掌。我最喜歡的食物是大蒜，不過除了逢年過節外，我一概不吃大蒜。因為大蒜強烈的香氣可能破壞壽司的滋味。我所捏的壽司，總是我第一個試吃。我也不喝咖啡，只為了維持味覺的敏銳度。沒有捏壽司的時候，我會將壽司的材料生魚片一字排開，仔細研究每塊生魚片的光澤、厚度、口感和彈性。我認為這樣的努力是理所當然的。因為我是捏壽司的人。

三浦建太郎，漫畫家——我過去十二年來持續創作漫畫，沒有一天休息。每天投入十五個小時專注作畫。在我的漫畫中，有過十萬大軍出場的畫面，這十萬大軍全是我一個一個畫出來的。每當主角身上出現傷口，我會為每個傷口編號，隨著故事的推進，仔細留意每個傷口的變化和是否接受治療，在漫畫中呈現癒合的過程。我會不斷修改再修改，直到自己滿意為止。無論花了多少時間作畫，只要有任何一個影響整個故事進展的因素存在，我一定毫不猶豫從頭來過。

李外秀，小說家——我只想全心投入在創作中。所以我裝上特別訂製的監獄鐵門，從外面反鎖，等於我把自己關了起來。在這座文字監獄內，扣除一天三小時的睡眠時間，我全身心都投入在寫作中。有時連續五天沒有睡覺，和稿紙拚個你死我活。我想保有鐵人般的意志力。在我練習寫作時，曾在某個冬天煮好一鍋白飯，放在室外，做成冰塊飯來吃。冰塊飯無法用湯匙、筷子吃，只能用槌子和鐵釘敲開後，咯吱咯吱地咬著吃。似乎整個精神，乃至於內臟都變得透明澄淨了。多虧這樣的努力，我才能參透寫作的關鍵。

朴炳勳，鐵人三項選手——我參加了鐵人三項比賽，這是中途不休息，連續進行游泳、自行車和馬拉松的比賽。由於游泳成績失利，我只好在自行車環節拚死命狂踩踏板。這時，忽然一陣噁心湧上心頭，雙腿變得僵硬無比。我趕緊扎針放血，雙腿的症狀才舒緩了一些。於是我一邊踩踏板，一邊扎針數十多次，直到脹滿的血液滲出為止。接著是馬拉松賽。偏偏就在這時，從自行車環節開始搗蛋的雙腿肌肉，變得越發僵硬、緊繃。就算這樣，我還是不能停止跑步。只好一邊跑步，一邊拍打雙腿數百遍，試著讓肌肉放鬆，為了忘記疼痛，只能繼續奔跑。最後終於到了終點線，在這場比賽中，我刷新了亞洲新紀錄。

李相潤，大學教授——某天，我被告知罹患存活率不到一成的罕見癌症。原本潛伏在顴骨內的癌細胞，忽然擴散到眼睛和牙齦。我接受手術取出顴骨和上排牙齦，造成左臉凹陷，上顎也出現了孔洞。我成了無法發出聲音的「語言障礙者」。我想說話，我不想放棄人生。所以我裝上了口腔閉孔器，像孩子一樣每天反覆練習韓文子音數千遍。每次配戴閉孔器，口腔便潰瘍撕裂，充滿刺鼻的血腥味。我得用手帕擦去不斷流出的血水，再不行就直接吐出血水，但是我從未停止練習。嚥下哽咽的淚水，繼續練習韓文子音。光是發音練習，便反覆進行了一年多。我只能忍耐，我不能就此放棄只有一次的人生。最後，我終於克服了語言障礙，並且站上了我夢寐以求的大學講台。

西奧多．傑利柯（Théodore Géricault），畫家——每次作畫前，我總要剃光頭髮，靜靜待在畫室整整一年，徹底投入其中。在描繪被砍斷的頭顱或四肢時，我經常往來醫院停屍間，顧不上何謂恐懼。我一邊觀察屍體，一邊練習素描寫生。有時甚至將屍體的一部分帶到畫室。儘管屍體腐化流出屍水，令人作嘔的氣味撲鼻而來，我依然強忍著噁心，全神貫注在作品上。這樣的努力，讓我得以成為法國最著名的畫家之一，也成為浪漫主義繪畫的先驅。

現在起，請忘記競爭對手，拿自己和激勵者比較吧。和他們對待人生的「態度」競爭吧。和過去的自己競爭，並且經常挑戰自己的極限吧。如此一來，我們將可正面迎戰自己的極限。不必為了「追趕」競爭對手而筋疲力盡，我們依然可以「超越」自己。當然，我們必須傾注所有熱情在調整自己的心態上。

戰勝自己的瞬間，等於戰勝了所有人。別沮喪氣餒，也別猶豫不前，現在立刻開始行動吧。我相信，你一定會成為「在與自己的競爭中獲勝的人」。

Beyond Story

我在鷺梁津水產市場學到的事

在即將升上高中的時候，朋友們一個接一個參加大學校園導覽。他們在渴望就讀的大學校園參觀，聽未來的學長姐給予建議，也拍了一些照片，看起來真棒。我當時心浮氣躁，毫無心思讀書，也想參加看看，所以在網路上瀏覽相關資料，當天正好看見一段影片，是關於「鷺梁津水產市場」的內容。影片中，幾盞日光燈照亮著清晨一片漆黑的市場，市場內有活蹦亂跳的鮮魚，當然還有一群充滿活力的大叔、大嬸。

我立刻就被吸引住了。打鐵趁熱，我當天晚上熬了一夜，清晨立刻出發前往鷺梁津水產市場，等於是去鷺梁津代替校園導覽。

所有人還在沉睡的凌晨三點，鷺梁津充滿了早已清醒的人們。魚腥味和黃色箱子敲擊地面發出的聲響、招呼客人的嘈雜聲、在我耳裡聽來像外星語的喊價聲，讓

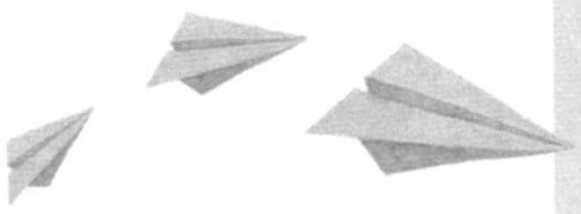

我心情瞬間好了起來。就在我忙著四處張望的時候，一尾紅鯛魚正好跳了起來，將我的鞋子打濕。

扛起一袋袋冰塊的大叔，移動速度之快，令人不自覺發出感嘆。而上半身只穿著一件單薄背心，拉著推車四處遊走，對冬天的寒風絲毫不以為意的大叔，也是動作迅速敏捷。工作要熟練到那樣的程度，得花費多少力氣啊？想到這裡，不禁肅然起敬。

鷺梁津水產市場上有著鮮活的「生命」。有賣醃牡蠣醬，對著手掌呼出熱氣，不停搓揉雙手，卻說自己一點也不累的老奶奶；有躺在保麗龍堆中閉目養神，客人上門，立刻以爽朗的聲音歡喜迎接客人的大嬸；也有徒手挖著幾大袋冰冷的貝殼，只要喝上一杯溫熱的雙和茶，全身瞬間暖和起來的大叔。還有將蝦子排得整整齊齊的小販，因為睡意襲來而頻頻打瞌睡，只能揉了揉惺忪的雙眼，重新專注在工作上。

在這裡，有許多真心誠意為自己的本分付出的生命。他們毫無保留地貢獻自己的精力，卻又帶著開朗明亮的面容。真令人尊敬，也相當令我羨慕。這讓我自然而然想起自己的本分。為了不愧對這些人，我暗自決定要更努力付出。

從那天起，我的心中出現了人生中最棒的激勵者，那就是凌晨三點在鷺梁津水產市場上的人們。我想效法他們「對待人生的態度」。那天，彎腰駝背的老奶奶承蒙上天眷顧，順利賣完所有貨品，正裡裡外外仔細清洗漁獲箱的模樣，還有小販矯健地用雙手捧起新鮮漁獲，整整齊齊裝入箱子內，臉上泛起的和煦微笑，已經深深烙印在我的腦中，至今仍無法忘懷。

時至今日，每當我覺得自己過於懶散時，心中總會下意識浮現出那天的鷺梁津。在颳著刺骨寒風的冬天凌晨，有一群人揮灑著汗水，照亮了漆黑的夜晚，而我到了現場，親眼目睹了他們對待人生的態度。如果你覺得自己熱情不再，不妨也去水產市場走走吧。你將會在那裡深刻體悟到對待人生的態度。我心中最棒的激勵者，至今依然是鷺梁津水產市場。

07 創造魔法般專注力的關鍵字「此時此地」

時時刻刻活在當下，就能感到幸福。

——巴西小說家保羅．科爾賀（Paulo Coelho）

把所有心力放在當下所做的事情上吧。沒有用放大鏡把陽光聚焦到一個點上，就生不了火。

——加拿大發明家貝爾（Alexander Graham Bell）

讀書高手必定也是「沉浸高手」。在學習期間，他們一心只有「此時此地」，到了近乎偏執的程度。真正的深度沉浸，只會發生在「此時此地」。整個心思在過去和未來之間搖擺不定，心神不寧地四處張望，這是絕對無法專注的。許多雜念相互糾結而心煩意亂，又怎能達到最高境界的沉浸呢？只有我們的心思深深扎根在「此時此地」，才能讓「沉浸的瞬間」發光發熱。

我們的身體無法回到過去或前往未來，只存在於「此時此地」。但是我們的心不同，只要稍一分心，立刻飛到九霄雲外。我們的心不會永遠停留在「此時」，有時回到已經逝去的過往，有時飛往尚未來臨的未來；也不會永遠停留在「此地」，而是在莫名其妙、荒唐離譜的地方打轉。如果任憑內心胡思亂想，什麼集中、什麼專注，對我們來說都只是「天方夜譚」而已。驚人的專注力不會從其他地方出現，只有全神貫注在「此時此地」，將所有雜念一掃而空，才會出現令人驚訝的專注力。

當我們把內心的焦點鎖定在此時此地，那一瞬間起，眼前將會展開美好的沉浸世界。魔法般的專注力將使我們沉浸在學習中。原本喧鬧的大腦和不安的內心逐漸沉靜，每一口呼吸都讓精神更加清醒。即使身在吵鬧的教室裡，也能享受宛如山間寺院的清幽。原先無心讀書而浪費的時間，將可減少至十分之一。學習的熱度也將隨之升高。更重要的是，我們將可以更穩健、更充實地度過人生的每一瞬間。

✦ 彷彿什麼都看不見、什麼都聽不見

絕代神射手帶著兩名弟子前往森林射箭。到森林，弟子們便忙著準備射箭，將箭鏃磨尖後，閉上一隻眼睛，斟酌箭靶和自己的距離。這時，老師讓他們停下動作，忽然問他們眼前看見什麼。第一位弟子望著四周回答：

「上有天空和白雲，下有原野和草地。森林裡有栗樹、楓樹、橡樹、松樹，能看見樹枝，還有翠綠的樹葉。有箭靶上的紅圈，還有——」

老師忽然打斷他的話，甚至搶走他手中的弓。接著再問第二位弟子。

「好，你看見什麼？」

第二位弟子目光如炬，如此回答：

「我只看見箭靶中央的靶心。其他什麼都沒看見。」

「射箭吧！」

老師話一說完，弟子立刻拉弓。接著箭鏃向著箭靶正中央飛去，正中靶心。

這個故事告訴我們，在射箭時，無論是眼睛還是內心，都只能有「箭靶正中央」。除此之外，白雲、栗樹、樹枝，甚至是靶心外的紅圈，都只是「雜念」而已。因為這些都是妨礙

我們專注在靶心上的累贅。只有專注到整個世界只剩自己和箭靶正中央的程度，才能精準射中靶心。

認知專注理論的創始人米哈里・契克森米哈伊（Mihaly Csikszentmihalyi）教授這麼說過：

「心流（Flow）是全心投入在某個行為上，因而遺忘了時間的流逝或空間，甚至是個人心中想法的心理狀態。換言之，全身的感受和期待、思考，全都融合為一。」

影響專注最大的障礙物，正是「雜念」。如果讓雜念像灰塵一樣層層堆積在心中，我們終究無法達到心無雜念的沉浸狀態。在處理這些雜念時，務必完全清除乾淨，一點不剩。如果心中充滿雜念，即使在書桌前坐一整天，也不算是讀書。就算讀了國文題目，也只是眼睛從書本上快速瀏覽過去而已，經過一段時間後，什麼也沒有留在腦中；如果是需要背誦的科目，即使背過一遍，也會忘得一乾二淨。這都是雜念作祟。當心裡忙著想東想西時，再怎麼逼自己坐在書桌前，也不會有學習效果吧？

「此時此地」是克制雜念最好的特效藥。雜念是心中長出的毒菇，所以也得由心裡開出處方。當我們把內心緊緊固定在「此時此地」的瞬間，所有雜念都將煙消雲散。例如練習一道數學題目，將永恆的時間停留在「此時」，將宇宙空間限定在「此地」，讓這個世界只存在「我眼前的數學題目」和「我自己」，就能提高專注力。換言之，就是說服我們的內心，讓它相信整個人生乃至於這個世界上最重要的事情，只有解決眼前這道數學題目。讓我們的心裡，充滿「此時此地」的唯一念頭。

只要進入這種「沉浸狀態」，同樣是一個小時，也不會是相同的一小時。因為這比不夠專注的五小時、十小時效率更好。時間的品質令人驚訝地高。進一步來說，達到徹底沉浸的狀態後，更能額外獲得出人意料的幸福。那就是學習變得有趣的好處。

> 鐮刀自動地割著。這是幸福的時候。……列文割的時間越久，他越是常常感覺忘神的時候，在這種情況中似乎不是他的手在揮動鐮刀，而是鐮刀推動著後邊的有意義的充滿生命的身體，並且好像是有魔術，不用想到工作，工作便自動地做得合適而準確。這是最幸福的時候。
>
> ——托爾斯泰《安娜・卡列尼娜》

這種境界好比著魔般迷上某件事的人一樣，即使全力以赴，傾注一切精力，也絲毫不感到辛苦或疲累。反倒是各種雜念消失殆盡，心中油然升起平和的感受，全身細胞似乎一個個醒了過來。即使我們不強迫自己學習，學習也像是有魔術般推動著自己，時間倏忽即逝。所謂「真正沉浸的狀態」，是我們以為「過了十分鐘」，然而一看時間，早就過了三個小時。除了眼前學習的內容外，什麼都看不見，什麼都聽不見。

✦全心投入學習的方法

以下我將介紹能去除心中雜念，讓你進入最適合學習的「沉浸狀態」的方法。我在開始讀書前或考試前，也經常這麼做。真的很有效。

坐在書桌前，難免會忽然想起昨天看的電視節目，或是回想起白天朋友說的話，啞然失笑。每當這種「毫無意義的雜念」妨礙專注的時候，不妨按照下面的方法試試看。你的大腦將變得清晰，內心也將完全存在於「此時此地」。專注度提高，學習效果更加深刻。

感受自己的呼吸

這是我下定決心開始讀書的時候，曾經用過的方法。那時雖然坐下來想好好讀書，滿腦子卻有揮之不去的雜念，就連自己當下「有沒有在呼吸」都察覺不到。這種時候，只要專心感受自己的呼吸，雜念也會隨之消失。

首先，請將腰桿打直，貼緊椅背，全身放鬆。從鼻子吸入空氣，讓空氣填滿胸口和腹部，再緩緩吐氣，自然地感受「自己的呼吸」。其他所有思緒全部拋開，只專注在每一次的呼吸。吸氣的時候，心裡小聲說出「吸氣～」；吐氣的時候，心裡小聲說出「吐氣～」，會有更大的幫助。即便如此，也不勉強自己呼吸。只是感受著自然的、隨興的呼吸，跟隨呼吸的節奏。感受空氣從鼻子進入，經過胸口通向腹部，再從腹部提取出來，經過胸口由鼻子排出。如此一來，身體的感覺變得平靜，所有雜念消失在內心深處，情緒也逐漸穩定下來。

請用這種方式默默感受自己的呼吸，短則一分鐘，長則兩分鐘。大腦思緒肯定會變得清晰。我們的心如今不再泛起任何波瀾，因為雜念已經完全消失。

遠離壓力一步，接著引爆

壓力造成內心緊繃，思緒混亂時，不放試試這個方法。請對自己因為壓力而焦躁不已的內心大喊：

「暫停（Time-out）！」

這是在籃球或排球比賽途中，暫時停止比賽，重擬作戰計畫的用語。如果不這麼做，而讓火苗竄燒的心將自己燃燒殆盡，肯定是最愚笨的。請將燒紅的心理開關轉到「暫停」吧。這是為了遠離壓力一步。

接著請想像心中有一顆氣球。紅色的氣球也好，藍色的氣球也罷，只要是吹脹的氣球就行。現在，請在想像中快要爆炸的氣球上，用文字寫下自己的壓力。可以是詞語，也可以是句子。也請在心中想像自己用油性簽字筆，一個字一個字清楚寫下的模樣。都寫好了吧？

請想像自己懷中抱著這顆「壓力氣球」五秒。一、二、三、四……。數數的同時，再怎麼討厭害怕，也要抱在懷裡。接著想像自己喊到「五」的瞬間，氣球忽然爆破四散的畫面。現在在我們的心中，壓力已經消失得無影無蹤了

最好也在心中想像一下，在氣球爆破之後，檢查氣球已經洩氣碎片，或是氣球飛得老遠的畫面。

想像用流水清洗內心

請閉上眼睛，想像一下自己大字形躺在林中草地，每呼吸一次，都能滿滿感受到空氣

的清淨。微風徐徐吹來，令人舒暢，湛藍的天空萬里無雲。躺在柔軟的草地上，心情舒爽明朗，一派祥和。我想將那隻被囚禁在我心中的鳥兒釋放出來，打開心中鳥籠的門，小心翼翼地用雙手捧出籠中的鳥兒，送向遠處的天空。內心逐漸平靜下來，宛如羽毛般輕盈。

溪水從草地兩旁潺潺流過，清澈到能將水底看得一清二楚。我想像自己從腦中取出大腦，整顆大腦布滿了雜念的碎屑和情緒的灰塵，顯得骯髒。我取出大腦後，帶往溪邊。接著用溪水沖洗大腦，反覆擦拭，直到變得明亮、乾淨為止。我輕輕搖晃溪水中浸泡著的大腦，唰唰地認真清洗。最後，大腦總算變得無比乾淨，彷彿閃耀著光澤，也變得透明純淨，一眼就能看清內在。

重新將這顆大腦放入腦袋深處，如此一來，我們將能感受到頭腦和內心充滿澄靜清澈的氛圍。

想像將地球放在肚子上

這是一九八二年拿下大學聯考全國榜首的濟州道知事元喜龍，在《我的夢想是三小時內》一書中公開的祕密。

這個聯想方法無需什麼特別的準備，不過為了提高臨場感，請準備一顆小石頭。首先，想像一下把小石頭放在肚子上。我們不妨真的把小石頭放在肚臍上。再怎麼微不足道的東西，也能幫助我們感受物體的重量。

接著閉上眼睛，將所有感官集中在這顆石頭上，並且想像每吸一口氣，石頭便逐漸變大。一開始只有一丁點大的小石頭，逐漸變成桌球大小，又再一點點變大，變成棒球大小。之後再變成排球大小，又逐漸擴大，最後變成一顆巨大的廣告氣球。我們的身體現在承受著極大的壓力，連呼吸都感到困難，全身無法動彈。當然，石頭同時還在持續擴大。請睜開心眼看看，我們肚子上不知不覺間已經出現一顆巨大到無法負荷的地球了。

那麼，現在請從肚子上拿掉地球，睜開一直緊閉的眼睛，再重新專注於學習吧。相信注意力會比之前更好的。原本全神貫注在一個焦點的心眼，將會再次向鮮活的世界敞開。

以上介紹的四種方法，請務必練習到身體完全熟悉為止。建議各位每次坐在書桌前，養成冥想片刻的習慣。這能讓我們用純淨無雜念的心來學習，也能讓我們時時體驗到驚人的沉浸狀態。沉浸狀態不是人生中忽然降臨的「幸運」，而是根據我們付出的努力多寡所獲得的「結果」。

只要有心專注，我們隨時都能進入沉浸的狀態。

◆別被第二支箭射中

然而危機也差不多在這時出現。即便我們再怎麼努力將內心牢牢扣緊「此時此地」，某些事情仍會從某處冷不防向我們射來一箭。例如拚死命讀書，成績卻怎麼也沒進步的時候；因為朋友一些小事演變成衝突的時候；心愛的物品遺失的時候；聽見令人厭煩的話，心中難以釋懷的時候；考試就在眼前，卻因為發燒而全身滾燙的時候。

「第一支箭」射中了我們，從某處冷不防地射來，不顧我們的意願。被第一支箭射中後，好一陣子我們的心無法專注於「此時此地」。直到目前，都不是我們所能控制的。在這個世界上，沒有任何人不被第一支箭射中的。

然而真正的問題在後頭。那就是「內心的煎熬」，稱為「第二支箭」。成績不如預期，當作反省自己的機會就好，不必因為成績感到沮喪挫折；和朋友吵架，找機會和解就好，不必因為一時一刻暴躁的脾氣，永久破壞和朋友的關係；再怎麼找也找不到的東西，讓它遺忘在內心深處就好，即使心裡永遠掛念著，也不可能找到，更何況還會讓我們難過、憂鬱；聽見不順耳的話，左耳進，右耳出就好，如果在心裡反覆咀嚼、回想，讓自己變得情緒負面、鬱鬱寡歡，損失的只有自己；身體有些不適，還是能完成能力範圍內的事情，不必抱怨為什麼非得在考試的時候感冒，讓自己連心理都生病了。被「第二支箭」射中後，我們的心思將有一段時間無法專注於「此時此地」。

第二支箭和第一支箭不同，如果我們不射向自己，第二支箭絕對不會從某處冷不防射出來。被第一支箭射中，事情結束後便船過水無痕，我們卻非得去承受第二支箭。這無異於為自己的心造一座「監獄」。

海嘯襲來的時候，被巨大的潮水和海浪（第一支箭）沖走，也許會受傷，不過沒有生命危險。然而被海嘯帶來的建築物殘骸、連根拔起的樹木或招牌等（第二支箭）砸中，事情就不同了。多數人當場死亡，即使運氣好生還，也無法擺脫後遺症的困擾。

當第一支箭射向我們時，請欣然接受。因為第一支箭再怎麼逃避，最終也逃避不了。然而第二支箭千萬別被射中。只要我們不射出，第二支箭就不可能存在。第二支箭讓我們學習的心徹底粉碎、瓦解。中箭的瞬間，所有雜念一次浮現。我們的心不再專注於「此時此地」。有心學習的人，千萬別向自己射出第二支箭。

✦笨蛋才用分數設定目標

當我們努力讓內心停留在「此時此地」時，有另一個不輸第二支箭的阻礙，那就是「把分數當目標」。一旦把分數當作目標，從那一刻起，我們將難以專注於「此時此地」。並在無形之中，過於執著分數的高低。攤開書本，心裡想著「我一定要考幾分以上」，這也是阻礙眼前學習的雜念。當然，我們的學習成效如何，必須以分數來檢驗。不過再怎麼說，這應該是學習之後的事情。在學習的同時，心裡還執著於分數，絕對是錯誤的。

即使是寫一道數學題，了解一個自然概念，我們的心思都必須百分之百專注在這件事情上。如果非但沒有全神貫注在學習上，還執著於接下來考試的「分數」，心想「要是沒有考到預期的分數，該怎麼辦？」「分數退步的話就完蛋了！」態度變得戰戰兢兢，那麼肯定會對眼前的學習帶來負面影響。最後的下場，恐怕連原本執著的分數都往下掉。

再說拿到考卷題目前，誰也沒有把握。因為一切取決於出題老師如何出題。如此一來，由於每次考試的難易度不同，平均分數也跟著上上下下。考題較困難時得到的八十分，可能比考題簡單時的一百分更好。所以把分數當作目標，必然會有許多解釋不通的部分。

至於把名次或等第當作目標，和目標的意義更是背道而馳。因為名次或等第不僅取決於自己的表現，更是深受競爭者如何表現的結果。所以越是執著於名次或等第，受眾多雜念困擾的機率越大，反倒難以激發學習欲望。因為在這樣的目標裡，也包含了「自己無法控制的變數」。最後不僅無法讓自己的內心專注於「此時此地」，連名次或等第都跟著退步。

唯有讓自己全神貫注於「此時此地」，毫無雜念地專注於眼前的學習，才是正確的目標。比起執著於「自己無法改變的部分」，能專心投入「自己可以改變的部分」的目標，才是好的目標。也就是說，我們寫在行事曆上的「和自己的約定」、「預計的讀書量」，才是好的目標。即便有時讀書量較多，有時讀書量較少，不過這種決心完成預期讀書量的態度，任何雜念都沒有發揮的餘地。我們只會看見此時此刻需要學習的內容。換言之，就是專心投入「自己可以改變的部分」。它讓我們的內心逐漸沉澱在「此時此地」。

當我們全身心陶醉於專注學習的狀態時，即使有誰在一旁叫喊，我們也聽不見任何聲音。在心煩意亂的狀態下，絞盡腦汁想了幾天也沒解決的題目，短短五分鐘內便迎刃而解。連續讀書十個小時，也絲毫不感到疲累或辛苦。反而越是學習，越充滿活力。所謂「讀書辛苦」，其實是「讀書不得要領而感到辛苦」的意思。讀書進展順利的時候，絲毫不覺得辛苦。如果你不希望因為讀書感到痛苦，請讓自己的心徹底停留在「此時此地」。只要夠專注，學習絕對不辛苦。

當我們的內心持續專注於「此時此地」，必將迎來沉浸學習的時刻。只要我們能察覺自己散漫的心，就能常保學習的心。而這種時候，我們也才能領悟到「學習的樂趣」。

我相信，你一定會成為全然存在於「此時此地」的人。

Beyond Story

占卜的祕訣

在大邱八公山附近，有間算命相當準的占卜店。據說一下就能算出誰考得上大學、誰考不上大學，其神通廣大無人能比。不過這位道士會把一個人來問卦的媽媽們送走，讓她們帶孩子一起來。媽媽帶來孩子後，道士讓孩子坐在房間裡，要孩子當自己的面攤開書本讀書，十分鐘或二十分鐘都好。接著一邊假裝寫符咒、搖鈴鐺，一邊暗中觀察。

道士觀察的正是學生讀書時的「眼神」。他仔細端詳學生讀書時流露出的眼神，看那是餓虎撲羊的眼神，還是渙散恍惚的眼神。在暗中斜眼觀察好一陣子後，道士這才閉上雙眼，默背學生八字後，開始搖著扇子算命。其實確認過眼神後，他心裡早有了算命的答案。不過那有什麼關係呢？反正道士的算命奇準無比。

然而去算命的媽媽們其實大多心知肚明，知道這位道士並沒有什麼特別的神通能力。她們只是去接受診斷而已。看自己的孩子是專注學習的類型，還是其他類型。因為道士暗中觀察學生眼神的能力，實在是太高明了。據說這位道士曾經脫口對某位學生感嘆道：「你這小子，眼睛都要把紙看穿了！書要被你吃掉啦。」好巧不巧，這位學生後來考上了心儀的學校，而且還是榜首。直至今日，這位道士的占卜店依然門庭若市。

內心全神貫注於「此時此地」的人，眼神不可能渙散恍惚。眼睛是一個人氣勢迸發的出口。進入沉浸狀態的人，眼神必定是閃亮的。他們睜大了眼睛，用力將書中的文字一掃而空。如果這位道士暗中斜眼觀察我們的眼神，會算出什麼樣的結果呢？是通過嗎？還是不通過呢？

08

有心學習者的七個習慣

我創造習慣，而習慣創造我。

——英國詩人約翰・德萊頓（John Dryden）

正如新生的指甲推開原有的指甲，日後養成的好習慣也能推走長久的壞習慣。

——荷蘭哲學家伊拉斯謨（Desiderius Erasmus）

學習的心如果沒有「好習慣」支撐，就像用麵粉堆砌而成的房子。也像從未曬過太陽的花盆、燃料耗盡的汽車一樣，絕對無法發揮功能。過不了多久，決心必然會瓦解、枯萎，最後停滯不前。明明壞習慣不少，卻宣稱自己至少是有心學習的，這種人百分之百是在說謊。

真正有心學習的人，必定是對好習慣垂涎三尺的。他們想盡辦法，只為多創造、多培養一個好習慣，享受這個習慣的好處。

多數腦科學家主張，我們的大腦對「剛開始進行不到二十一天的行為」有抗拒反應。這是因為輸入這個行為的「記憶細胞」尚未形成。只要我們稍微嘗試自己不曾做過的事情，例如提早起床、做事不拖泥帶水，就會感到扭捏不自在，原因其實很令人難過，因為「大腦不肯幫忙」。雖然有些困難，不過如果我們想養成好習慣，首先得了解大腦的運作方式。

要讓大腦接受我們的行為，並且將這個行為儲存為習慣，得足足花上「二十一天」。所以如果想讓某個行為養成習慣，必須耐著性子，連續二十一天重複相同的行為才行。如此一來，大腦才會意識到「喔，主人想讓這個行為變成習慣！」接受我們的行為，這才開始聽話地按照我們的命令行動。這麼說來，韓國檀君神話中的熊吃著苦澀的艾草和辛辣的蒜頭，忍受洞穴生活，最後才化身為人，也是經過三七日，也就是二十一天；從圓滾滾的雞蛋中迸出雛雞，也需要二十一天。換言之，想要有所改變，必須努力堅持二十一天。

不滿二十一天的努力，終究只是泡影。因為站在大腦的立場來看，這等於「主人尚未下定決心」。不過換句話說，只要忍受二十一天的辛苦，就能一帆風順。當大腦為我們的行為貼上「習慣」的標籤，儲存下來後，日後不必再一次次付出努力，身體內化的習慣也會自動發揮作用。從此之後，好習慣將在無形中不斷出現。

會讀書的人深知這個道理。小自微不足道的習慣，大到左右成敗的決定性習慣，他們都謹守「二十一天法則」。每天用紅筆在日曆上畫圈，連續忍耐二十一天。真聰明。為養成習慣付出的努力，絕對是穩賺不賠的生意。相較於付出的努力，得到的更多。還能額外收獲踏實感和自信心。我敢保證，不做的人一定吃虧。

至於現在才有心學習的人，以下我將會談談該用「二十一天法則」養成什麼樣的習慣。現在起，為學習的心培養能作為強力後盾的好習慣吧。請記住「二十一」這個魔法數字，所有習慣都適用「二十一天法則」。有心學習的人，務必從習慣開始努力。請按照順序詳讀以下七個習慣，花些時間反思自己吧。

✦習慣1　腰桿挺直，坐姿端正

光看學生的坐姿，我就能算出是成績會進步的學生，還是會退步的學生。有心學習的學生，連坐姿都非常端正，眼中閃耀著對學習的渴望。

——孫主恩，韓國知名教育集團「Megastudy」代表董事這是擁有二十七年教學經歷，教過的學生比任何人都要多的資深講師，也是Megastudy代表董事的孫主恩所說的話。我也忍不住好奇，主動報名自習室的工讀，好好觀察一番。事實證明，她說的話是對的。即使像我這樣的「菜鳥」，單看坐姿，也能立刻猜中學生是不是有心學習，成績大概在什麼程度。

有心學習的人，光是坐姿就與眾不同。他們的坐姿彷彿直尺一樣端正，一動也不動，可以專注好一陣子。就連一旁看著的人，都不禁感嘆連連。整間自習室充滿著壓抑的緊張感，令人寒毛直豎。其中有幾位學生我至今無法忘記。相反地，無心學習的人坐姿歪七扭八。他們不是彎著身體，跨坐在椅子前端，就是蹺腳坐著，讓人擔心再這麼下去腰會受傷。甚至有學生一坐下來，立刻趴在桌上，採取預備入睡的姿勢。或許是姿勢不舒服，他們經常扭動著屁股；也或許是感受不到緊張，一個個忙著打瞌睡。有不少學生書要讀不讀，勉強打發時間，卻又抱怨書怎麼讀也讀不好，一副壓力山大的樣子。托著腮幫子，不停抖腳，坐姿歪七扭八，這要怎麼學習呢？坐姿不端正，就不可能學得好。

既然提到坐姿，現在立刻端正坐姿吧。屁股向後坐滿椅子，背部緊靠椅背，腰桿挺直，彷彿每一節脊椎都被拉長。腳掌貼平地面，讓大腿和地面呈平行。如此一來，就能感覺到腦袋向天空高挺，雙腳向地面深處扎根，整個人像是被拉開的橡皮筋一樣，坐姿變得端正。胸口也自然撐開，背部保持挺直。書桌和椅子的距離太遠或太近，姿勢都容易變得歪斜。書桌和肚子之間可以放進一個拳頭的空間最剛好。

這是有心學習者採取的「正確姿勢」。長時間久坐時，利用空檔隨時調整姿勢，才能維持身體挺直的狀態。

慶熙大學醫學院曾利用科學方法，證明姿勢不良會造成學習效果不佳。該團隊抽取坐姿不良者的血液進行分析，發現有乳酸等各種疲勞物質。這些物質，讓人們無法長時間久坐。腦波也呈現不規律狀態。根據某篇論文指出，坐姿不良時，氧氣將難以正常供給大腦，導致專注力的腦波 α 波和 θ 波無法正常發出。即使坐下來讀書，效果也等於零。每次坐下來讀書，大腦便不受控制地放空，這個現象的犯人不是身體狀態，而是「姿勢」。

某日，工曹判書金宗瑞斜坐在椅子上，政丞黃喜路過，偶然目睹這一幕，立即上前痛斥金宗瑞一頓。

「看來是其中一隻椅腳太短了，立刻拿去修理！」

聽見老師雷鳴般的喝斥，金宗瑞瞬間覺醒，向老師再三謝罪後，趕緊改正了自己的姿勢。

即使是以性格溫和為人稱道的政丞黃喜，面對錯誤的姿勢也絕對不肯妥協。因為他比任何人都清楚，不良的姿勢不可能存在真心，所以他對姿勢的要求自然相當嚴格。

有了想學習的心，第一件事便是端正讀書的姿勢。即使當下感到不自在，也必須持續努力，直到身體完全適應正確的姿勢為止。善用「二十一天法則」，養成坐姿端正的好習慣吧！

✦ 習慣2　一次只專注一件事情

像中槍一樣／神智不清／只能擠出笑容／所以就笑了／就那樣笑了／就那樣。

恆星年是太陽與地球及其他行星排成一直線，到下一次再度出現的時間。

空虛的笑著／只想問一個問題／我們為什麼分手／怎麼會分手／怎麼會分手／怎麼會

不過利烏斯（Aloysius Lilius）根據教會的要求，創造出符合節氣的曆法，所以恆星年無法作為一年的長度。

千瘡百孔的胸口／不斷溢出我們的回憶／就算想抓住／就算堵住胸口／還是從指縫間滲出

因為利烏斯知道春分與下個春分之間的時間距離為回歸年，比恆星年要短。

即使心臟停止／也沒有那麼痛苦／請幫幫我／請救救我／這樣下去我的胸口會壞死

> 恆星年與回歸年之間的差異，源於春分時的地球位置，每年稍微偏離公轉軌道的現象。
>
> ——白智英〈像中槍一樣〉與二〇一一年大學學力測驗國文科題目

戴上耳機，一邊聽著音樂，一邊閱讀國文題目，大腦所接受的訊息就像這樣。對大腦來說，自然是令人困惑又莫名其妙的行為。用這種方式讀書，能真正理解書本內容嗎？不只是國文科這樣，甚至是解開一題把數字帶入公式計算即可的簡單數學問題，耳機也會造成極大的妨礙。既要聽音樂，又要想公式，已經忙得不可開交，還得手寫回答問題，真讓人焦頭爛額。因為分心在兩件事情上，即使答題失誤，我們也不容易察覺，更無法從題目中獲得有益的學習。「想睡的時候，聽音樂讀書效果更好」「周圍一直發出窸窸窣窣的聲音，害我分心」「我想保持愉悅的心情看書」……我也曾經找各式各樣的藉口，只為了戴耳機讀書，不過有個事實是不會改變的。開著音樂讀書，注意力一定會受到影響。情況更嚴重的，已經不是「讀書的時候邊聽音樂」，而是「聽音樂的時候邊讀書」，如果只是坐下來做這種事，那絕對不是讀書。

美國軟體顧問傑拉爾德．溫伯格（Gerald M. Weinberg）曾對此提出最直接的解答：「同時處理兩件事，效率各降低百分之二十；同時處理三件事，效率足足降低百分之五十。」研究結果指出：「多工處理（multitasking）」必然得消耗更多能量，如此一來，能率和效率都將大打折扣。對於正一步步按照讀書計畫進行的人而言，百分之二十可說是致命的打擊。

不過，「戴耳機讀書」的真正問題另有所在。那就是將會剝奪好好面對學習、感受學習，並且對學習產生興趣的機會。這個影響更嚴重。就像拿澳洲大龍蝦來料理，卻撒上大量刺激的調味料和辛香料，反而品嘗不到龍蝦原有的滋味一樣，在讀書的時候，如果隨便添加音樂這樣的調味料，將永遠錯過品嘗學習滋味的機會。別因為討厭學習，所以只好戴上耳機，勉強自己坐下來。換言之，別奪走自己品嘗學習滋味的機會。美味名店不擺放電視，不是沒有原因的。這是要顧客專注於食物滋味，別分心的意思。

◆習慣3　不看表面，只看核心

將整理得一目了然的筆記本全部擺在書桌上，讓眼睛一次看個清楚。接著是見證奇蹟的時刻了，只要一邊畫線、畫圈，一邊複習，不必花太多時間，學過的內容將全部融入腦中。即便之前學習的時候，那還是難以理解，讓人歪頭想了好久的內容。這都多虧了當時有所覺悟，「雖然現在看不懂，不過以後一定要好好學起來」，認真整理了筆記。這正是整理筆記的目的。

不過，如果整理筆記脫離了原本的目的，將會產生不少問題。不僅對學習沒有幫助，更可能阻礙了學習。筆記整理得太詳細，或是太草率，都有問題。請各位仔細檢查自己整理的筆記，是否屬於其中一種類型。

過於詳細的筆記

第一種類型好比創造藝術傑作般，用盡全力整理筆記。花費太多時間整理筆記，恐怕不是好事。因為讀書的時間有限，這麼做只是犧牲學習時間，將精力耗費在「準備學習」而已。

這麼說來，把所有內容都整理在筆記上，等於什麼也沒有整理。一邊聽課，一邊急著把老師的話全部抄下來，反而容易錯過課程內容。這些學生聽線上課程的時候，乾脆將影片暫停，花大把時間詳細寫下每一句話，再繼續播放課程。那樣整理下來的筆記，等到重新攤開複習的時候，經常派不上用場。因為無法掌握重點。等於賠了夫人又折兵。

堅持要把筆記寫得漂漂亮亮的人，也屬於這個類型。整理筆記只要一清二楚，方便之後複習就好，把筆記打扮得鮮豔亮麗，像是要拿到筆記大賽上展示一樣，只是浪費時間而已。

原子筆顏色使用黑色、紅色、藍色，就足以涵蓋各種用途了，非得連粉紅色、紫色、祖母綠、金色甚至白色都派上用場，搞得筆記本繽紛花俏；寫筆記的同時，不斷變換 0.3mm、0.5mm、0.7mm 粗度的筆芯；一個句子花三十秒仔仔細細寫下來等行為，不都是過度浪費時間嗎？這只是把表面裝飾得無比華麗，只是「表示自己有讀書的把戲」而已。

重要的是「核心」。我們整理的筆記，要能對以下問題給出正面的回答：「筆記中的內容是否切中核心？」「筆記的整理是否能幫助我快速複習？」「筆記是否完全聚焦於老師講課的內容？」我們不需要比別人多花兩到三倍的時間和精力寫筆記，徒有華而不實的「表面」。

認清自己更接近第一種類型後，未來重點將不再是整理筆記的行為本身，而是如何將寫下的內容完整吸收。學習的時間有限，我們該做的不是整理筆記，而是「學習」。

過於草率的筆記

第二種類型是筆記整理草草了事的情況。上課心不在焉，不知道該寫什麼的學生，或是雖然有聽課，卻懶得寫筆記，幾筆帶過的學生，寫出的筆記都屬於第二種類型。

比起聽課，吸收課程內容的過程更重要，然而這樣的筆記卻讓我們無從複習。即使抄了一些筆記，也同樣派不上用場。無論是前言後語被硬生生切斷，只有突兀的幾個詞彙，還是毫無重點的筆記方式、寫得歪七扭八，完全無法判讀的蚯蚓文，都是因為懶惰或怕麻煩而造成的悲劇。

當然，上課期間既要聽老師講課，又得找出重點筆記下來，或許忙得不可開交。不過自己親手整理下來的筆記，有著超越想像的價值。考試題目必定從老師上課內容中出題，為了認真寫筆記，自然得更專注於課程中。而在考前十分鐘，如果想一次瀏覽所有學過的內容，先前整理的筆記自然是最珍貴的。

認清自己較接近第二種類型後，最好將整理筆記的標準設定在「如果我不寫下來，剛才聽過的內容可以記住嗎？」所謂整理筆記，不只是把老師寫在黑板上的內容照抄下來。聽過一次就跳過的內容，也很容易遺忘。只要是對自己能否記住稍微存疑的內容，最好全部筆記下來。即使是當下無法理解的內容，之後繼續打破砂鍋問到底，最後一定都能理解。一目了然地整理好筆記後，空閒時請多拿出來看。只要我們肯努力理解，任何知識最後都能學會。

所謂整理筆記，其實就是為學習所做的準備。像第一種類型那樣執著於準備，或是像第二種類型那樣疏忽準備，都同樣有害我們的學習。整理筆記只要夠整齊乾淨，方便自己複習就好，所以如何用較快的速度筆記，又如何掌握好核心內容，就是我們必備的筆記整理技術。讓我們專注思考該寫什麼，如何使用，才能創造一本「滿滿精華的筆記」。

一份整理確實的筆記，必然會在我們「渴望讀書的瞬間」綻放光芒。再怎麼手癢想裝飾筆記，再怎麼煩得要死，請務必堅持「二十一天」。只要堅持二十一天，就會成為我們的習慣。

◆ 習慣4　就算用搶的，也要坐「ＶＩＰ座」

下面是演唱會座位配置圖。任何一位觀眾都想坐在能看清楚歌手的地方。他們的目標是離舞台更近的位置、能盡情享受演唱會的好位置。如此一來，演唱會上不同座位的價格自然也不同。尤其舞台正前方中央的「ＶＩＰ座」，有些票價甚至達到數十萬韓元（譯註：十萬韓元約合台幣兩

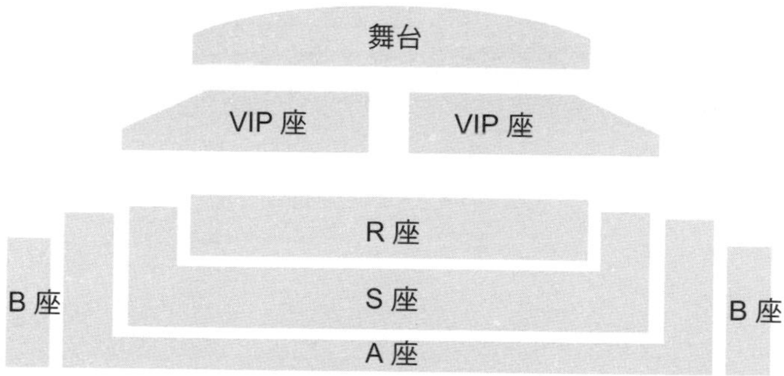

演唱會座位配置圖

千五百元）。其餘座位票價依照「R座」、「S座」、「A座」、「B座」的順序遞減，不過越是便宜的座位，越看不清楚舞台、聽不清楚音樂，難以沉浸在表演中。因為這樣，只要是頗受歡迎的演唱會，絕大多數都從最貴的座位開始售罄。至於位於死角的B座，經常是太晚購票的觀眾帶著遺憾入坐的位置。部分演唱會座位價格相同，採取先到先贏的方式入場，這時熱血的粉絲兩到三天前就會來到演唱會場地附近，忍受露宿之苦，非得搶到最前面的位置，也就是「VIP座」不可。這是為了看得更清楚、聽得更清楚，能盡情享受自己喜愛的演唱會。

以下是教室座位配置圖。教室座位就

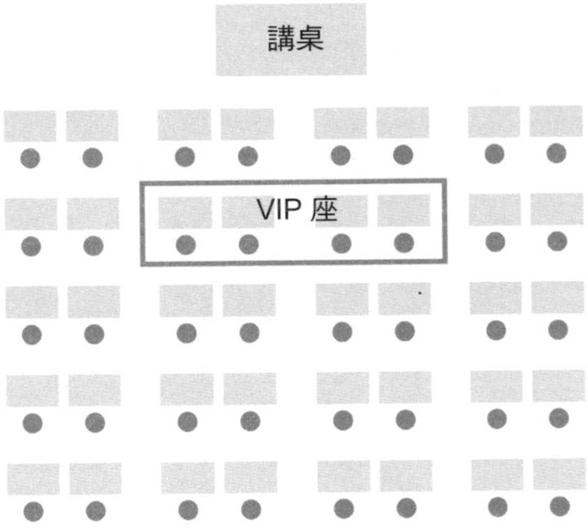

教室座位配置圖

像演唱會現場一樣，也有能看得更清楚、聽得更清楚，能盡情享受課程的好位置。如右頁圖所見，教室裡也存在所謂的「VIP座」——講桌前第二排中央的座位。坐在這裡，不但能看清楚老師，老師也能看清楚自己。既能聽清楚上課內容，也能看清楚黑板或螢幕上的字。這是最適合專注於課程，盡情沉浸其中的好位置。可以說就是教室內最好的「風水寶地」。

再說教室的「VIP座」既不必付錢，也不必漏夜排隊。不過說來也難過，大多數學生總是互看眼色，誰也不願意坐在教室的「VIP座」。或許這個位置不好打瞌睡或分心吧，誰也不想坐在這裡。反倒是「B座」這樣的死角大受歡迎。要他們坐演唱會上的B座，各個傷心難過，而讓他們坐在教室的「邊角」，卻開心得不得了。原因就在於無心學習。坐在適合隱藏的位置，上課愛聽不聽，這樣我們能學到什麼呢？

真正有心學習的人，絕對要搶教室內的「VIP座」。眼睛要跟著老師的一舉手一投足打轉。聽懂了老師的話，趕緊點頭，有聽不懂的地方，也要搖頭，立刻舉手發問；老師偶爾提問的時候，應當踴躍回答，錯了也無妨。這才是認真聽課的態度。

教室的位置先搶先贏。反正都要聽課，也不必多付錢，不妨選個好位置坐吧。你將會看見原本沒有看見的，聽見原本沒有聽見的課程內容。

只要連續坐三個星期，就能看見效果。別忘了「二十一天法則」。

✦ 習慣5　舒緩感冒症狀

讀書的時候感冒，很讓人煩躁吧。鼻水直流，咳嗽咳個不停，再加上滾燙的身體，讓人無法專注學習。想必各位都有過偏偏在考試前感冒，全身冒冷汗的經驗吧。雖然趕緊吃藥、打針，卻只是變得更容易打瞌睡，感冒完全沒有好轉的跡象。醫生們常拿感冒開玩笑，說：「感冒吃藥一週會好，不吃藥七天會好。」這句話說得很對。病毒引發的感冒本就沒有根治的特效藥。因此感冒的時候，我們應該思考「病得較輕的方法」，而不是完全擊退感冒的方法。

首先，平時應多攝取蛋白質和維他命。這兩者對免疫力低落的身體用處良多。韓國醫學專家洪慧傑博士曾說：「感冒是病毒和免疫系統的戰爭，此時蛋白質被用於組成白血球或酵素等免疫系統的原料，而維他命負責修復身體，迅速清理戰爭造成的體內廢物。」瘦肉和豆漿富含蛋白質，而水果富含維他命。我在高中階段也感冒過幾次，或許是聽從了這些建議，休息時多食用鮪魚罐頭、豆漿、柳橙汁、維他命藥丸，我從沒吃過感冒的苦。

第二，多喝水。身體為了對抗感冒病毒，持續發燒，水分便趁此機會快速排出。最好將開水放在顯眼處，隨時喝水補充水分。

最後，比平時多睡一些。傷風感冒是身體發出的疲勞訊號。如果真的太忙，至少比平時睡眠時間多睡一小時。有助於恢復到平時的身體狀態。

尤其意識到自己罹患感冒的當天，最好充分休息，別再為時間感到可惜。感冒惡化的程度沒有極限，在全身動彈不得之間，最聰明的做法是先用睡眠克服感冒。因為省了短短幾小時，可能讓後面幾天完全報廢。

有心學習的人，也擁有較強的健康管理意識。學習不是一兩天的戰鬥。在身體狀況惡化之前，務必事先做好健康管理。健康管理也是一種習慣。這裡有兩個避免感冒的習慣，請牢記在心。雖然看似微不足道，不過徹底實踐這個習慣的人，倒是出乎意料地少。

第一，勤洗手。病毒隨空氣進入體內的情況並不常見，主要是沾有病毒的手觸摸眼睛、鼻子、嘴巴，病毒才快速侵入人體。儘管肉眼看不見，不過我們的手相當髒。超乎想像的大量病菌在手上活動。只要養成習慣，常用肥皂裡裡外外洗淨雙手，罹患感冒的機率就能減少一半。

第二，做好體溫管理。體溫快速改變時，身體的免疫力也會急速下降。運動後全身汗流浹背，熱得用冷水洗澡，或是冬天喊冷，將室溫調得太高，都會造成體內調溫機制的負擔。夏天在有空調的地方，最好披一件薄外套；在寒風刺骨的冬天，也要準備好厚圍巾。讓我們的身體努力維持在三十六・五度的體溫，盡可能傾聽身體的要求吧。

要想舒緩感冒症狀，請徹底落實「蛋白質、維他命、多喝水、多休息」；要想減少感冒機率，請先從「勤洗手」和「體溫管理」著手。只要「二十一天」，一定會養成習慣。

◆習慣6　利用下課休息時間充電

下課鐘聲響起。教室和走廊一片混亂。在喧鬧聲中，有速度快如子彈的學生，追著逃跑的朋友，似乎在玩捉迷藏；有的學生不願花時間走樓梯下樓，把扶手當作溜滑梯，從四樓一路向下；一群女學生排排站在鏡子前，忙著化妝。學生三三兩兩忙著聊天，笑聲不絕於耳，後面其他學生正玩著騎馬遊戲；也有學生利用這十分鐘開心踢足球，玩得渾身濕透，氣喘吁吁跑回教室。程度或許稍有不同，不過每到休息時間，整個校園宛如一座「大型遊樂場」。

下課休息時間要怎麼玩，我認為都沒有問題。上學的樂趣，當然也包含休息時間跟朋友玩樂。上課專心學習，下課休息一下也無妨。這也有助於接下來更認真的學習。在有限的時間內盡情玩樂，又有什麼關係呢？只不過作為一個有心學習的人，有一點千萬不能忘記，那就是休息時間的「意義」。

其實真要追究的話，「休息時間」和「玩樂時間」完全不同。休息時間是在每一段學習之間，為了讓頭腦沉澱，好準備下一個學習所安排的。只是因為不容易再撥出額外的玩樂時間，所以現實情況是將休息時間和玩樂時間的概念混用。然而正如字面所表示的，休息時間的第一目標必然在於「休息」。休息時間的真正「意義」，是為了下一節課的「充電」。

休息時間結束後，必須完成充電。要比休息前更有精神，心情更好，體力也要充飽電才行。休息時間就是希望學生們這麼做。具體想怎麼休息，端看個人如何選擇，不過無論如何，休息時間結束後，應該已經做好學習的準備了。

「咦？每次休息時間結束，我反而注意力更差，而且更容易打瞌睡耶？」如果你是這麼想的，表示有必要好好檢視自己的休息時間了。可能是玩樂或錯誤的休息習慣，過度消耗了精力。

當然，偶一為之無妨。不過如果副作用持續出現，就是個大問題了。如果休息時間長期影響到上課時間，就連學習的心也會因此萎縮。這時最好訂下一個標準，仔細觀察自己「玩到什麼程度，既能玩得開心，又能把書讀好」，就能知道這個標準。只有這樣，才能在休息時間玩得盡興，又能在上課時間專注學習。

我們的休息時間是有助於上課時間的真正休息嗎？還是造成了上課時間的負擔？答案只

有自己最清楚。請按照自己訂下的標準好好利用休息時間吧。只要努力「二十一天」，就能輕易上手了。

✦ 習慣7 做好打掃整理，清空精神狀態

那是發生在我十五歲的事。那時連我都認為，自己是個精神渙散、吊兒郎當的人。書桌上布滿了隨手亂丟的衣服、襪子，還有四處散落的餅乾屑，連攤開一本書的空間都沒有；書包裡全是亂塞的講義、摺角發皺的書本。每次要拿出東西來，都得翻找半天。但是我一點也不嫌麻煩，反正我也沒心讀書。

其他同學為了提高自主學習成績，連續幾週每天早上努力寫英文題本。我卻一副事不關己的樣子，一下子打呵欠，一下子打瞌睡，一下子東摸西摸，勉強混過每天的早晨。然而某天早上，我終於下定決心，決定今天開始寫明天要交的作業。正當我打算拿出英文題本的時候，「咦，這傢伙跑去哪裡了？」翻遍了書包、置物櫃、書桌抽屜，怎麼也沒看到影子。如果承認自己的錯誤，把作業寫在白紙上交出去，肯定會被恐怖的英文老師痛罵一頓。心裡越來越焦急，但是總得知道那該死的英文題本丟在哪裡吧。那天不只是下課休息時間，連午休

時間、打掃時間，我都急著東翻西找，甚至回到家後，一邊嘆著氣，一邊翻遍家中各個角落，直到深夜，結果還是沒有找著。

最後，隔天交不出英文科自主學習作業。更慘的是，全班只有我沒交作業。雖然那個時期的我就算自主學習作業拿到零分，也可以一笑置之，但是那天被殺氣騰騰的英文老師罵得狗血淋頭，複雜的心情實在一言難盡。這樣的震撼教育永生難忘。

之後過了幾天，我無意間發現了那本書。它就在書包內，神不知鬼不覺地被夾在另一本更大的書裡，真令人啼笑皆非。這麼大本書包住尺寸較小的書，靜靜躺在書包底部，這在我亂七八糟的書包裡當然怎麼也找不到。

和我不相上下的「問題人物」，似乎也不在少數。就像那些想方設法把書桌變得讓人卻步的人一樣，有的人是「髒亂製造者」，把吃剩的垃圾食物隨手丟在書桌，任憑食物發臭；有的人是「空間謀殺者」，把足球、粉底、髮蠟、鏡子等物品堆在書桌上，讓書桌連攤開書本的空間都沒有；有的人是「美食愛好者」，桌上擺滿全套咖啡、綠茶、草本茶、即溶湯包還不夠，偶爾甚至在自習時間點外賣吃；有的人是「記憶淪陷者」，把過去的畢業紀念冊、跟朋友往來的書信、喜歡的明星照片擺在書桌上，一看就花了好幾個小時。

坐在這種書桌前，連自己都覺得壓抑。桌面上到處都是妨礙學習的物品，怎麼可能集中注意力學習。即便有學習的心，也會在書桌前消失得無影無蹤。在所有的感官中，人類受到視覺的影響最大。不然又怎麼會把眼睛稱作「靈魂之窗」呢？

將周遭環境整理乾淨，內心也隨之平靜；周遭環境髒亂，內心也會隨之混亂，這是人之常情。越是不肯整理，我們分心的危險越大，丟東丟西的情況也同樣頻繁。那些口口聲聲說「我運氣太差了吧，什麼東西都會掉！」的朋友，沒有一個懂得整理。那些不肯整理的人，堅信自己只是因為嫌麻煩或是太忙，才沒有收拾乾淨而已。不過事實並非如此。更正確來說，是他們混亂的心理狀態、起伏不定的精神狀態，透過整理的行為顯露了出來。我也有過那樣迷茫的歲月。那時沒有整理乾淨的，不只是書桌或書包，心理狀態和精神狀態更差。因為內心未收拾整齊，導致周邊環境雜亂無章，而越是如此，內心越加混亂，演變成惡性循環。

所有整理的行為都是一種「X光」，將外在看不見的心理狀態、精神狀態，赤裸裸地呈現出來。學校即使發給學生大小相同、模樣相同的書桌，只要經過一週，就會在不同主人的使用下出現兩種極端結果。有的書桌猶如深山中潔淨高雅的寺廟一樣乾淨，有的書桌像是戰場上的垃圾堆一樣。主人的精神狀態在書桌上表露無遺。

所以據說有些公司利用整理能力來挑選新進員工，以便確定員工的精神狀態，說的正是日本某家電子公司。像這樣讓擅長整理的人充斥整間公司，結果就是發展為至今銷售額達到八兆規模的超大型企業。整理本身就是我們的精神狀態。精神振奮有活力的人，任何事情都難不倒他們。

神智清醒的人，對周圍髒亂的環境絕不會置之不理。他們知道只有整理乾淨，讓人心曠神怡的書桌，才能激發自己學習的心。他們理想中的書桌，是隨時坐下來就能立刻專注學習的書桌。讓這些人整理書包，他們會敷衍了事嗎？肯定是整理得乾乾淨淨，方便隨時取出需要的書本和經常使用的文具；從不同地方拿到的講義，會在拿到的當下，立刻寫上日期和科目名稱，整整齊齊收在文件夾裡。中途變換讀書的地點時，也會再次檢查有沒有遺落的物品。所以他們不容易弄丟東西。最重要的是，他們不會一次擠在一起整理，而是平時就一點一滴整理起來。如果擠在一次整理，不僅得花費不少時間，平時也得忍受髒亂的環境才行。

因此，整理的核心在於留下「需要的東西」，清除「不需要的東西」。任何可能動搖內心的東西，都應該從讀書的空間內清除。努力讓自己成為神智清醒的人。

請即刻啟動「二十一天法則」。只要在大腦貼上「習慣」的標籤，儲存下來後，日後不必再一次次付出努力，身體內化的習慣也會自動發揮作用。

我相信，你一定會成為「擁有好習慣的人」。

Beyond Story

如何活出堅定不移的人生

一位年輕人前往深山，求訪一位充滿智慧的老者。

「該怎麼做，才能活出堅定不移的人生呢？」

老者微笑不語，帶著他前往庭院，並且指著其中四棵樹，用眼神示意年輕人拔樹。年輕人有點摸不著頭緒，不過仍輕而易舉地把剛種下的第一棵樹連根拔起。第二棵樹種植的時間還不長，稍微出點力，還是順利拔了出來。第三棵樹已經種了好長一段時間，年輕人纏鬥了許久，全身汗流浹背，這才勉強拔了起來。然而最後一棵樹最難對付，年輕人捲起袖子，使盡吃奶的力氣，這棵樹根牢牢抓住大地的樹依然文風不動。年輕人終究沒能拔起最後一棵樹。

這時，老者才用低沉的嗓音開口說道：

「習慣正如樹木。長時間的習慣已經根深柢固，不能輕易改變。堅定不移的人生，必然是靠好習慣創造的呀。」

09 今天一天是創造我們人生的養分

我們浪費的今天，總有一天會向我們復仇。

——英國首相邱吉爾（Winston Leonard Spencer Churchill）

在你懶惰的同時，時間仍照自己的步伐前進。

——美國思想家富蘭克林（Benjamin Franklin）

在颳起暴風雪的冷天裡，一位老僧人越過喜馬拉雅山脈，抵達了印度。人們瞪大眼睛看著已經變成雪人的老僧人，連聲問道：

「師父，您是怎麼越過那陡峭險峻的山脈來到此地的呢？」

他輕輕拍去頭上堆積的白雪，神色自若地回答：

「當然是一步一步走來的呀。」

時間的關鍵在於「連續性」。每分每秒匯聚起來，就成為人生。我們的人生取決於我們如何利用時間，而每個瞬間要做什麼事情，全看我們的決定。從一早睜開眼睛後的第一個動作開始，到夜晚關燈入睡之前，我們的選擇和決定從未停止。拆開來看，選擇，似乎毫不起眼的每個瞬間的決定，最終將創造我們和我們的一生。

每個人選擇的標準大不相同。將標準設定在什麼地方，將會影響我們的選擇。標準可以是追求單純的樂趣，也可以是追求當下的安逸，或是別人眼中的自己。不過這些都不是正確的標準。當下的選擇，應當以「是否有助於自己人生」為標準。再根據這個標準，為每個瞬間做出正確的判斷。換言之，希望各位培養出果斷做出適當選擇的魄力，即使情緒萎靡，也能不受影響。

今天一天和我們的人生，不是互不相干。每個如何度過今天一天的決定，將匯聚成我們的人生，創造現在的我們。「今天一天」正是創造我們人生的珍貴養分。

◆是柯羅諾斯？還是凱羅斯？

「柯羅諾斯」（Chronos）和「凱羅斯」（Kairos）都是表示時間的古希臘語。不過這兩個詞是截然不同的概念，不能一概稱為時間。首先，柯羅諾斯指的是「流逝的時間」本身。正如日昇日落那樣，是世上所有人有感受相同的時間，也就是光陰似箭所指的「光陰」。相反地，凱羅斯是指「感受個人存在意義的決定性瞬間」。是全神貫注於重要事物的特別時刻，也就是付出全心全意的時間。

經常發呆或做些無謂的事情，白白浪費每一天的人，人生只有柯羅諾斯。他們將所有時間用在對自己人生毫無幫助的事情，消耗無謂的情緒，毫不介意虛度每一天。真正該做的事情，他們卻不肯花費太多心思。任憑時間大把大把流走，再繼續重複相同的行為。從未認真思考自己所使用的時間意義何在，也沒有賦予時間特別的意義。然而某天回顧過往的人生，才察覺自己的人生不過是由毫無意義的瞬間所組成的。只能捶胸頓足，對自己感到後悔與失望。他們將會發現自己行屍走肉的同時，時間竟神不知鬼不覺地流走。這些人的一生中，也少有會讓嘴角上揚的回憶。因為他們鮮少利用時間，創造值得紀念的回憶。人生唯有柯羅諾斯。

再怎麼短暫且微不足道的時間，都必須緊緊抓在手中，妥善運用。每天都要好好創造凱羅斯，謹慎地將時間用在實現自己的目標。尋找善用每分每秒的理由，全心全意投入其中。

為了達到這樣的目標，首要任務是從事對人生有益的事情。不能再過著懵懵懂懂的生活，要振奮精神面對人生。如果任憑自己隨著歲月流逝而老去，我們只會淪為時間的「奴隸」。必須練就徹底管控時間的力量，我們才能成為時間的「主人」，進而成為「人生的主人」。讓生命中的每分每秒充滿凱羅斯，當未來回顧自己的人生時，才能自豪地說：「我的人生充滿了閃耀的瞬間。」能一筆一劃畫出我們人生藍圖的人，除了自己沒有別人。

要想活出自己期待的人生，請先培養「追根究柢的習慣」。好好思考自己當下該做什麼，才能為這個瞬間創造凱羅斯；思考自己該做出什麼樣的決定，才能讓這個瞬間更加燦爛閃耀。時間是綿延不絕的，而這些時間終將匯聚成我們的人生。

◆有心學習的人，沒有人是懶惰的

懶惰一點一滴吞噬我們的人生。如果該做的事情一再拖延，或是像蝸牛一樣緩慢進行，經常猶豫不決、四處張望，那麼好不容易堅定要學習的心，也會開始萎縮。在懶惰者的眼中看來，需要學習的量超乎想像，絲毫讓人提不起勁。他們都知道學習才對得起自己的人生，卻怎麼也定不下心來。整顆心搖擺不定，不知所措。

當然，他們也有戒掉懶惰的決心。只是事到臨頭才下定決心，事過境遷後，又故態復萌。這顆緊緊黏在身上的懶惰瘤，可不是說摘掉就摘掉。要想改掉令人厭煩的懶惰惡習，只要做好一件事就行。要是我能暫時回到過去懶惰的歲月，一定不會這麼快給自己貼上「失敗」的標籤。

根據《再見，懶惰》的作者文耀翰博士的分析，當過去的懶惰習慣暫時出現時，能否脫離懶惰的關鍵因素，在於「當事人表現出的反應」。無法擺脫懶惰的人常會以此時的狀況當藉口，重新退回過去的懶惰，大喊：「我果然不行！」「唉唷，不管了。船到橋頭自然直！」輕易將「失敗」的標籤貼在自己身上。

然而成功擺脫懶惰的人不同。他們所想的不是「失敗」，而是「犯錯」。這裡所謂的「犯錯」，是可以挽救的錯誤。當我們認定的是「犯錯」，而非「失敗」時，我們將會反思自己為何犯下那樣的錯誤，重新整理情緒後，繼續努力。這真是令人佩服的精準分析。不只是我們，任何人都不可能一舉斬斷懶惰的根源。要想擺脫懶惰，必須經過無數次的錯誤嘗試。如果每次遭遇錯誤，都將「失敗」的標籤貼在自己身上，我們一輩子都將活在懶惰之中。所以錯誤嘗試只是「犯錯」，不該視為「失敗」。

我們必須培養分辨「失敗」和「犯錯」的能力。就以我們經常會遭遇的情況來練習吧。每道題目都有正確答案與說明，閱讀題目時，請先將後面的答案遮起來。

例題1

我決定每天早上自己起床。前幾天有好好遵守，但是昨晚不小心忘了設鬧鐘，今天早上睡太晚了。這種情況相當於以下哪一種呢？

①失敗　②犯錯

很簡單的問題，答案是②。這種情況不必給自己貼上「失敗」的標籤，讓自己回到懶惰的過去，只要下次設定好鬧鐘就行。

例題2 我決定學習中途休息十分鐘，也在行事曆寫下了這個行程。但是不知怎麼地，十分鐘的休息竟然玩了一小時。這種情況相當於以下哪一種呢？

①失敗　②犯錯

這個問題比第一題困難一些，不過答案一樣是②「犯錯」。寫在行事曆上，代表和自己做了約定，自然就不能輕忽這個約定，必須盡一切努力遵守。但是玩了一個小時，不等於脫離懶惰失敗，只是犯了錯而已。將這次的錯誤當作反省自己的機會，下次不再重蹈覆轍就好。

例題3

期中考的時候，我拿到了全班中段左右的成績。後來有心好好讀書，比平時花費更多努力準備期末考。但是期末考的成績依然原地打轉。好不容易才下定決心，這次的結果很讓我沮喪。所以我的心態和習慣，全都回到下定決心前的狀態了。這種情況相當於以下哪一種呢？

① 失敗　② 犯錯

答案是①「失敗」。在期末考成績原地打轉之前，都還不算失敗。成績本就不容易一下子進步。已經竭盡全力，成績還是沒有起色，也是正常的結果。但是文中的主角感到沮喪還不夠，非得給自己貼上「失敗」的標籤，讓心態和習慣全都回到下定決心前的狀態。一旦親手給自己貼上「失敗」的標籤，即便原本是「犯錯」，最後也會變成真正的「失敗」。所以這道題目的答案是①。

請務必下定決心擺脫懶惰。不過別期待一下就能脫離懶惰，而是要堅定自己每次跌倒都能重新站起來的決心。在堅守決心的過程中，任何人都會犯錯。我們便是在每次的犯錯中一點一滴學習。只要持續挑戰，我們就不是懶惰的人。因為在完全擺脫懶惰之前，我們的挑戰不會停止。笨拙卻頑強的挑戰，最終必將戰勝懶惰。

✦關鍵時刻帶給自己力量的慣例

「慣例」（Routine）是指重複相同的動作，用以穩定內心的行為。這是為了維持個人的節奏，避免周遭環境凌亂不堪。可以說是牢牢抓住我們的心，防止內心渙散的一種「防護措施」。這個防護措施能讓脫離軌道的內心回到正軌，隨時激發出最好的自己。

試著培養幾種能在學習時穩定內心的慣例吧。我建議以下三種慣例，分別是行事曆、工時表和計時器。每次坐下來讀書前，請務必堅持完成這三項慣例。竭盡全力落實的慣例，將可提高我們「學習的熱度」，幫助我們順利達成自己訂下的目標，更能讓我們人生的每個片段發光發熱。

✦ 慣例 1　不輕易改變約定：行事曆

一早起床準備讀書前，請先寫行事曆，為今天一天所要學習的內容做好計畫。每一行只寫一個目標，也一起寫下預計完成的讀書量。清清楚楚寫好後，整天攤開在書桌上，並且在完成一個目標時，立刻用筆劃掉。如此一來，隨時都能檢查自己一天達成了什麼目標，又有什麼目標尚未達成。寫在行事曆上的目標，絕對是「有寫一百分，沒寫零分」。模模糊糊浮現在腦袋中的當天目標，必定難以實現。無論如何，請務必將目標寫下來，只有眼睛看得見的目標，才能徹底遵守。再說只要寫下來，就不必整天記著所有行程，心情也會比較輕鬆。

儘管每天早上所寫的都是當天目標，不過計畫最好依照一年、一個月、一天的順序來安排。一年是長期計畫，一個月是中期計畫，一天是短期計畫。

長期計畫最好在新年開始，或是在下定決心學習的時刻，經過審慎思考後再擬定。寫下這一年內要花多少時間在哪個科目，達到什麼樣的程度，才是真正的長期計畫。

將一年份的長期計畫拆成十二份，正好是一個月份的中期計畫。每到月底，請檢視自己是否有確實執行長期計畫，並且事先思考下個月該如何學習，才能順利達成長期計畫。請務必寫下來，文字化後的內容就是中期計畫。

同樣地，在安排每天的計畫時，只要將一個月的計畫拆開即可。不必花太多時間，也不會太難。因為今天一天，和我們的一個月、一年有緊密的關係。

不過反過來說，這也是相當可怕的。意思是，如果沒有達成今天一天的目標，接下來一個月和一年的目標形同瓦解。當今天一天偏離了計畫，我們也將離目標越來越遠。這是我們不該輕忽行事曆上每一行目標的原因。

寫行事曆的時候，我會用筆筒裡最好的筆，一筆一劃認真寫下計畫。我把這支筆稱為「行程筆」，除了寫行事曆之外，絕不輕易使用。雖然有些牽強，還是想為行事曆賦予重要意義。我也堅定決心，一早寫下來的行程，即使天塌下來，也要不擇手段完成。

和自己的約定，絕對是重中之重的約定。一旦寫在行事曆上，就是和自己的人生最要緊的約定，必須是最不可動搖的約定。唯有那樣，我們才能相信自己。

✦ 慣例 2　提高效率的分析：工時表

如果說行事曆上寫的是「將要」學習的目標，工時表（timesheet）則是「已經」學習的目錄。工時表是學習過程中即時寫下的時間記錄表。經常記錄所學習的內容，有助於提高時間的品質。從事律師或會計師這類分秒必爭的職業的人，必須撰寫每分每秒的工時表。當天一天所做的工作與花費時間，都需要記錄。即使只是一通看似不重要的十分鐘電話，也絕不遺漏，全都鉅細靡遺記錄下來。任何一件毫不起眼的事情都不例外。這樣記錄下來的工時表，日後也不忘仔細分析。

將自己運用時間的方式記錄在紙張上，能讓自己更懂得珍惜時間。運用時間時，自然而然會想起工時表，無形中改掉了浪費零碎時間的習慣。每一次虛度光陰，腦中浮現的都是工時表上的空格，不免感到可惜。日後回顧自己所使用的時間時，也不再只是憑空反省。工時表能幫助我們確實回顧自己，如果出現任何錯誤，也有助於我們精準分析原因。透過工時表，便能自主體會有效使用時間的方法。

記錄工時表的時間間隔，由自己決定即可。如果是剛開始下定決心學習，不妨以二十分鐘為單位詳細記錄；熟悉如何記錄工時表後，也可以一個小時為單位。因為重要的不是「以幾分鐘為間隔來記錄」，而是「我能否對自己的時間負責」。只要對自己造成壓力，讓自己意識到必須把使用的時間一一記錄在筆記本上，並且未來需要回過頭來檢討，就已足夠。即使有時不滿意自己花費時間的內容，也請隨時回顧反省。因為錯誤能帶給我們最好的學習。

✦ 慣例3　真正專注的時間：計時器

在學習的同時，請將計時器放在觸手可及的地方。計時器是為了計算「自己坐下來真正專注學習的時間」。除了聽課的時間外，所有自習時間都是計算的對象。學習的心必定源於坐得滾燙的座位。所以必須先做好久坐的訓練，才能提高專注度與學習效率。

在我們真正專注學習的同時，請利用計時器倒數計時。中途出現其他想法，或是離開座位去做其他事情，例如去一趟廁所時，可以暫停計時器，直到重新回來學習，再繼續啟動計時器。計時器上顯示的時間，是我們「一整天專注學習的時間」。結束一天的學習後，再將最終顯示的時間抄寫在行事曆上。

一開始利用計時器計算學習時間，所有人都嚇了一跳。「晚自習我應該都在讀書吧！」「整天待在學校的時間已經夠長了吧！」一起初堅持這些想法的人，在經過計算後，才發現實際學習的時間超乎預期的少，耗費在各種雜事的時間其實相當多。所以我才建議利用計時器詳細記錄時間，將浪費掉的時間找回來。相信經過一段時間，計時器上顯示的時間將會有驚人的成長。

尤其是在我們剛開始下定決心學習的階段，不妨刻意挑戰自己的極限。不必設定一定的時間，試著在自己能力範圍內挑戰「最長時間」的學習，用盡一切力量。藉由這個方式，告訴自己「我這個人有多麼強大的意志力」。別只是口頭上說說，盡情燃燒自己的決心吧。唯有這樣的決心，才能「至死不渝」。

終年和雪共存的愛斯基摩人，光是表示雪的單字就有六十多個，這和只有冬天才下雪的韓國相當不同。環境造就了他們對雪有著異於常人的關注。而求學階段的我們，正利用時間作為學習的養分，不妨也多花心思關注時間。為自己使用的時間賦予特定名稱，也是一種方法。例如我把讀書前沉澱心情的時間，稱為「預備時間」；一天當中，如果上午學習效果最好，稱為「早晨燃燒時間」；人坐在書桌前，卻無法集中注意力，讀書進度緩慢的時間，稱為「蝸牛時間」；不小心熬夜讀書的時間，稱為「夜貓子時間」；上課時間老師忽然給的自習時間，稱為「福利時間」。

利用計時器計算自己真正學習的時間，將會發現時間的珍貴與可貴。這是因為我們終於成為自己時間的主人。透過這次經驗，也可以了解到行程再怎麼緊湊，只要有心分配，還是能勉強擠出時間來。所以越是珍惜時間的人，越少抱怨「時間不夠」。

請善用計時器準確計算自己真正學習的時間，每天都和昨天計時器上顯示的時間比賽。帶著堅持不懈的努力，讓今天的學習比昨天「再多十分鐘」、「再多五分鐘」，如此一來，也將產生對自己的信任。在這個信任的盡頭，正是我們期待的人生。

別忘了，實現夢想的力量源於「強韌的耐坐力」。

利用「行事曆」和自己訂下不可動搖的約定，透過「工時表」分析如何提高學習效率，再使用「計時器」延長自己真正專注學習的時間吧。

✦別只有屁股坐熱，內心也要充滿熱情！

即便如此，我也不是要各位一個勁兒地久坐就好，而是要全心全意付出自己內在的所有精力。今天一天該付出的精力，必須盡情燃燒殆盡。有心讀書的人，絕不會為了明天保留今天的精力。他們狠下心來，非得把當天的精力消耗到見底不可。因為一覺醒來，明天又是一尾活龍。

別只有屁股坐熱，內心也要熱血澎湃，讓自己每分每秒都充滿沸騰的熱血才行。每解開一道題，等於開拓了一個新的視野；每學習一個小時，就獲得了一個新的領悟。懷抱熱忱努力學習的人，和一週前的自己相比，必定是截然不同的人，更不用說和一個月前的自己相比。因為他們沒有一分一秒不在學習。要想認真學習，只需要「火熱的屁股」和「熱血沸騰的心」

就夠了。

我相信，你一定會成為「珍惜使用今天，讓今天成為人生養分的人」。

Beyond Story

「不就一張畫，怎麼賣這麼貴！」

畢卡索坐在陽光灑落的咖啡館內，難得喝著咖啡，小憩片刻，此時一位中年婦人邁開大步走來。這位婦人見到畢卡索相當高興，央求他為自己畫一張肖像畫，願意支付他開出的價錢。畢卡索拒絕不了婦人強勢的要求，最終答應了下來。

花不到十分鐘的時間，畢卡索便完成了精采的畫作。他向婦人展示畫作，要求費用一萬美元。婦人聽完大吃一驚，滿臉漲紅，用不可置信的表情反問：

「不就一張畫，怎麼賣這麼貴！你畫一幅畫花不到十分鐘耶！」

畢卡索聞言，緩緩開口回答：

「您錯了，我花了四十年才畫到這個程度。」

PART 4

固守內心的瞬間，學習變得有趣

印第安爺爺和孫子面對面坐在篝火旁。老爺爺對孫子說：「孩子啊。我們心裡隨時有兩隻狼在打架。一隻是惡狼，另一隻是善狼。惡狼愛抱怨、嫉妒、嘮叨、厭煩；善狼則是愉悅、感恩、溫和、覺悟、勤奮。」聽完老爺爺的話，小孫子想了一會兒，忽然眨著眼睛問道：「最後哪隻狼贏了呀？」印第安爺爺輕撫孫子的頭，一邊回答：「你養的那隻狼贏了。」

10

不要只看「辦不到的理由」，去找「辦得到的方法」

與其詛咒黑暗，不如點亮一盞燭光。

——小羅斯福總統夫人愛琳娜・羅斯福（Eleanor Roosevelt）

人們總是把自己的現況歸咎於運氣。我不相信運氣。出人頭地的人，都是主動尋找自己所企求的運氣，如果找不到，他們就去創造運氣。

——英國劇作家蕭伯納（George Bernard Shaw）

「抱怨」正是無心學習最明確的證據。用無心學習的目光看待外界，全是妨礙學習的因素，周遭充斥著各種讓人嫌棄的事物和對自己不利的條件。這些人把自己讀書讀不好的理由，全怪罪到環境、外界、條件，越來越厭惡學習。錯以為自己「辦不到的原因」太多，所以沒辦法好好讀書，自己才是「委屈的受害者」，也因此越來越無力。

這其實只是無心學習而已。並不是因為環境、條件差或缺乏，自己才沒辦法讀書，而是因為自己不願意讀書，所以才極力怪罪環境、外界、條件。因為怪罪自己於事無補，反而會讓心情更糟。這些人一開始就沒有學習的心，只想發洩自己的不滿。再說抱怨的毒性相當強，一旦上癮，就不容易擺脫。抒發不滿後，心裡也會舒坦不少。把本該自我反省的時刻，轉嫁到他人身上，真是「傑出的一手」。如此一來，抱怨的技巧也越來越高明。滿腹牢騷、怨天怨地的人，總能迅速發現別人看不見的「負能量」。我們不是常說愛抱怨的人上了天堂，嘴裡吐出的第一句話會是這樣的嗎——

「唉唷，怎麼這麼好啦！」

如果經常下意識地、習慣性地抱怨，日子一久，我們的內心無形中也將充滿「辦不到的理由」。這是消磨學習欲望最快的方法。只要有心學習的火苗稍一出現，抱怨會立刻跳出來潑一盆冷水，粉碎熱情，摧毀意志，阻斷我們學習的可能性。總是習慣找「辦不到的理由」，最終也會讓我們的人生「找不到」方向。

沒辦法好好學習的原因，不在於沒有合適的環境、外界、條件，而是在於浪費時間「怪罪」這些因素的我們。為了這點愛抱怨的口頭禪、無心之過的習慣，我們卻得付出極大的代價，日後再怎麼後悔，也無濟於事。

仔細想想，這些「辦不到的理由」對我們毫無幫助。我們唯一需要的，只有「辦得到的方法」。就算環境不佳、外界不支持、條件缺乏，即便如此，只要試著找出「辦得到的方法」，我們就有機會成功。只有一次的人生，無論如何都要「辦得到」才行。振作起來吧！總不能眼睜睜看著抱怨、不滿阻礙我們的人生吧。

如果處處受到抱怨、不滿的限制，我們終究無法點燃「學習欲望」的火苗。別把目光放在「辦不到的理由」，好好思考「辦得到的方法」。遠離抱怨吧！環境、外界、條件等因素絕對無法撼動我們的人生，除非我們去「怪罪」這些因素。站在整個人生的角度來看，當我們怨天尤人而裹足不前的瞬間，真正惡劣的不是我們周遭的條件，而是自己「怨天尤人的態度」和「裹足不前的心態」。換句話說，我們之所以讀書讀得不好，不是因為自己頭腦差，而是態度有問題。真正珍惜自己人生的人，都應該立刻下定決心戒掉抱怨。

方法一定有，只要全心全意思考怎麼做才能「辦得到」，只要願意尋找「辦得到的方法」，一定能找到。過去抱怨「辦不到的理由」，已經花費了太多時間。我們內心偶爾會冒出抱怨的幼苗，代表我們學習的心仍不夠堅定。這正是我們需要回顧內心的時刻，不妨善用這個時間，作為仔細審視自我的契機。
雖然這麼說很丟臉，不過我要向各位坦白，我也曾經是一個怨天尤人的傢伙。

✦讀書不是靠條件，靠的是心

過去無心學習的時候，我總是滿臉嫌棄，忙著抱怨環境。
「今天狀態太糟了。運氣有夠差。」
「房間這麼吵，我怎麼讀書啦！」
「在這種兩個學年綁在一起上課的鄉下學校，叫我怎麼辦啦！」
「唉，這麼破爛的鄉下，連一間補習班都沒有。」
整天用厭世的口氣抱怨，真正的學習卻是之後的事。越是這樣，我們的學習意志越低落。
我常用自己的想像找理由，說條件不夠完美，害我沒辦法讀書。所以我不是「不肯」學習，而是「不能」學習。這樣的心理狀態相當扭曲，只是那時候我不知道。
回過頭來看，那段時間連一丁點學習的心都沒有，反倒充滿了抱怨、不滿。我討厭學習的程度，已經到了想不出藉口的時候，只好怪「眼睛乾澀」、「室內空氣沉悶」，藉機逃避當天的學習。在找碴這件事上，我完全是高手。眼睛不舒服的時候，用冷水洗臉，或是滴幾滴人工淚液就好；空氣太悶的時候，到外面散步一圈回來就好，還不到完全放棄當天學習的程度吧？如今回想起來，當時虛耗的每分每秒實在可惜。因為當時太習慣找「辦不到的理由」。

相反地，當我把焦點轉回到自己內心後，對外在條件的關注竟瞬間消失。因為專注傾聽自己的內心，眼中完全看不見其他事物。要是在過去肯定氣急敗壞的事情，現在也全都釋懷了。

我的老家是「左水右旱」，左邊是一片水田，右邊是一片旱田。所以每到農忙季節，坐在家中讀書的時候，兩旁吵雜的噪音不絕於耳。牽引機引擎運轉的噠噠聲、伴隨輕快的老歌旋律工作的叔叔、嬸嬸的合唱聲、濁米酒豪飲的聲音，全都聽得一清二楚。

即便如此，我也沒有什麼不滿，反正沒有什麼太大的不便。雖然有些吵鬧，也不到完全沒辦法讀書的程度。再說那些來摘蒜苗的長輩，只要我做做樣子幫忙摘幾根蒜苗，還會往我嘴裡塞甜滋滋的糖果呢。

不只是我的老家，學校也是「左水右旱」。從晚春到初夏之間，每次晚自習都有大量的蟲子。我們村子主要種無添加的農產品，所有人都不太使用農藥。小蜉蝣非常喜歡陽光。

各位看過每片窗戶都有數千隻蜉蝣聚集的熱鬧景象嗎？真的讓人起雞皮疙瘩。如果天氣熱開窗，這些蟲子會立刻從紗窗的縫隙鑽進教室。偏偏教室沒有空調，熱得要命，關著窗會被悶死，經常只能咬緊牙關拉開窗戶。讀書時無意間抬頭，蜉蝣群黑壓壓地聚集在教室的白牆上，一齊蠕動。蜉蝣有時會飛到臉上或鼻孔，甚至鑽進眼睛或嘴裡。後來蜉蝣飛上手臂，已經不感覺癢了。

即使晚自習又要擦不斷滴落的汗水，又要驅趕惹人厭的蟲子，雙手忙得不可開交，如今回想起來，對學習並沒有多大的障礙。也可能是太專注在自己的內心，沒有意識到外在的影響。雖然蟲子令人作嘔，也不到影響學習的程度。只是有些疙瘩，不過我從沒對蟲子或炎熱感到厭煩。

高中一年級的時候，因為學校廁所不敷使用，我用了一次傳統的「茅坑」。就是那種在野外架起幾片隔板，地板挖一個正方形大坑的地方。坑內當然堆滿了稀稀軟軟的腐爛排泄物。從上往下看，許多蛆蟲正緩緩蠕動。刺鼻的臭味超乎想像。走進廁所前，得先盡量吸飽廁所外的空氣，再閉氣走進廁所。不，是乾脆把鼻子塞住，只用嘴巴呼吸。有時候剛走進廁所，調皮的朋友猛然拍了一下背後，害人忽然喘氣。被嚇過一次後，刺鼻的氣味會讓人幾個小時腦袋一片空白。脫褲子蹲下來上廁所，蒼蠅也會從底部飛上來，停在屁股上。

要是像過去內心搖擺不定的時候，肯定會大罵「這是哪門子的廁所，還要走到外面去上！」「不是我討厭讀書，都要怪學校設備這麼破舊！」然而心態轉變後，再也沒有那樣的想法。沒有人因為廁所乾淨，就在廁所裡面讀書吧。而且朋友調皮拍了我的背再逃走，害我吸到臭味，不也挺有趣的嗎？

那時候從學習中感受到的快樂，深深烙印在我的心中。因為全心全意都放在讀書，所以什麼環境、什麼外界、什麼條件，這些瑣碎的事情都失去了意義。任何事情都不能阻撓、妨礙我學習。雖然有些不舒服，至少還忍得下來。我也學到了一個道理：就算我再怎麼抱怨，事情也不會改變。即使身體不太舒服，也沒必要放棄一天的學習；即使村子裡沒有補習班，也不代表學測考不到高分。只要我們不被外在條件蒙蔽雙眼，因而疏忽了反省自己的心，就可以辦到。

如此歡喜，感恩，快樂
安坐之處是花席
你此刻如坐針氈的
你的安坐之處是花席

安坐之處是花席
安坐之處是花席
你此刻如坐針氈的
你的安坐之處是花席

我被關在你建的監獄中
你被鎖在我造的枷鎖中
他被綁在他編的粗繩中

脫離自己的束縛
才能看見世界
品嘗生命的價值喜悅

安坐之處是花席

你此刻如坐針氈的
你的安坐之處是花席

——具常〈花席〉

請接受上天賦予我們的環境、外界、條件，將它們看作「花席」，並且停止抱怨。如此一來，才能看見。

看見「辦得到的方法」。

斤斤計較條件，只會看見「辦不到的理由」；多反省內心，必能看見「辦得到的方法」。

學習不是靠「條件」，靠的是「心」。突然具備完美的條件，內心反而容易變得散漫，覺得有些惋惜或缺憾，才會讓自己更堅持反省內心，學習也會最有效果，抱怨不過是浪費人生。那時候說要找出「辦不到的理由」，最後也只是怪罪環境、怪罪外界、怪罪條件的我，一定很愚蠢吧？

✦停止抱怨的三種心態

「沒做過的事」和「做不到的事」不一樣

有些人在挑戰前，先絞盡腦汁「模擬」自己的人生，最後想想自己果然不行，早早放棄挑戰。這種想法好比金屬氧化產生的「鏽」，起初看似微不足道，之後卻會讓物體變得面目全非。

——丁麗蔚《早知道就好的事》

在挑戰沒做過的事情前，滿腹牢騷的人經常猶豫不決。抱怨既然沒有做過，再怎麼挑戰也不可能成功。

「我沒有讀書到那麼晚過，所以我一定不行啦。」

「我從沒有連續讀書一星期不休息的，所以我一定不行啦。」

不過是沒有做過，所以不了解情況而已，這些人卻給自己貼上「沒有能力」的標籤。如果總是逃避這些沒有經驗的事情，機會什麼時候才會來到我們身上呢？這些不都是要試過才知道嗎？

「沒做過的事」和「做不到的事」不一樣。至少挑戰了一百遍，如果還是不行，才能說自己做不到吧？可是我們太輕易說出「我做不到」。甚至挑戰都不肯嘗試，單憑想像就說自己不行。沒有奮不顧身去檢驗自己做不做得到，卻先打出「熟悉」的放棄牌。難怪心中的抱怨像毒菇一樣滋長。

放下負面的態度，勇敢接受挑戰吧。堅持挑戰的人，絕不會成為滿腹牢騷的人。

沒有「絕對正確的選擇」，也沒有「絕對錯誤的選擇」

做出決定後，卻繼續看著別人的表現，抱怨自己的選擇，這個世界上還有比這更沒有意義的行為嗎？例如「早知道那時候就去那間學校」、「早知道選擇中文，不要學阿拉伯文」、「早知道不要選理工科，文科生看起來很不錯」……再說事到如今，這些人連翻轉選擇的勇氣都沒有，卻一直拿過去說嘴。

「要是那時候我選對了，搞不好現在會過得更好……」

他們用毫無意義的留戀和執著耗費心神，似乎這一切都源於自己錯誤的決定，堅信要不是當時那個失敗的選擇，自己現在也不會這樣傷透腦筋。

錯了。我們現在經過的這個難關，不是因為自己錯誤的選擇。世界上不存在「絕對正確的選擇」和「絕對錯誤的選擇」，有的只是堅持自己的決定，按部就班推動的「過程」，換言之，只有「讓自己的選擇走向正確的過程」。對自己的選擇感到不滿，大吐苦水的時間，應該用在讓自己的選擇變成正確。即使當下做出錯誤的判斷，之後也應該付出一切努力，將錯誤的判斷翻轉為正確的決定。所以沒必要受限於選擇本身，過度執著過去的選擇。

所有選擇都是正確的，只要我們願意付出「正確的努力」，只要我們不忘記自己懷抱的目標。足跡踏遍世界各地，以偏鄉旅行家聞名的韓非野曾說：

「在陌生荒涼的道路中迷路，只要向人問路就好；如果沒人可問，四處繞繞就好；最重要的，是永遠記得自己的目的地。」

過去的事情都是完美的事

多虧上天賜給我的三個恩惠，我才能大獲成功。第一，家裡非常貧窮，我從小做過擦皮鞋、賣報紙的苦活，這讓我累積了生存在這個世界上不可或缺的寶貴經驗；第二，出生後體弱多病，花不少心力在運動，這讓我維持身體健康；第三，我沒機會上小學，所以把每個人當成我的老師，努力向任何人求教學習。

——松下幸之助，日本知名企業家

這是松下幸之助說過的話。他在日本被封為「經營之神」，備受敬重。他也是人，自小體弱多病，沒能跟其他人一樣上學，又得幫忙擦皮鞋，肯定會感到不幸吧？想必也會在無意間抱怨自己的處境，一天內幾度因為悲慘的身世挫折無力吧？

所以他必然下了堅定的決心。「我不要再抱怨這個不幸。不幸既然已經發生，怎麼樣也於事無補。我要能用不同的角度來解釋不幸，並且總有一天要出人頭地。」決定將自己遭遇的所有惡劣條件，都當作「完美的事」來看待。因為如果不那麼做，將難以固守內心。當他最後站上顛峰的那天，也才毫不猶豫地將自己遭遇的「惡劣條件」，描述為「成功的祕訣」。

發生在自己身上的事，全都是最完美的事；我們所經歷的一切，也都是「好的學習」。即使在經歷的過程中，有任何不滿、憤怒或怨恨，我們也不必因為過去的事情感到不滿、憤怒或怨恨。因為過去的事情都是「完美的事」。即使只是令人厭煩，卻一無所獲的事情，從漫長的人生來看，總有一天也會成為最珍貴的養分。

心態取決於我們如何看待和處理，如果經常告訴自己那些是「完美的事」，那麼最後即便是被自己騙了，我們內心也會深信不疑。如果心裡總是想找「辦不到的理由」，請習慣性地告訴自己：「就算那樣，還是可以辦得到！」把重點放在「辦得到的方法」，總有一天必定會出現「辦得到的方法」。

◆人生中最適合讀書的日子，就是今天

「櫻花盛開的春天，忙著適應新的學期，沒辦法好好讀書。」「豔陽高照的夏天，熱得汗流浹背，讀書效果差。」「天空晴朗的秋天，微風輕拂，最適合外出玩樂，讀不了書。」「寒風刺骨的冬天，身體冷得直發抖，雙手冰冷，很難讀書。」「不到考試期間，沒有緊張的感覺，再怎麼讀書也讀不進腦袋裡。可是到了考試期間，又覺得已經太晚了，讀不下去。」「身邊太多人的時候，覺得很吵，沒辦法專心；自己一個人的時候，又管不好自己，讀不了書。」「學校活動太多的月份，忙得不可開交，不能好好讀書；沒有學校活動的月份，覺得枯燥乏味，也沒辦法讀書。」

這些話讓你心有戚戚焉嗎？乾脆說自己討厭讀書，還比較誠實一些，然而我們總是找各

種藉口。找一些看似合理的理由說嘴，就不會是自己的問題，多少有些安慰的效果。自己還能順理成章變成受盡委屈的受害者。

好了，誠實面對自己吧。「我也想讀書，但是……」的藉口，其實就是「我根本不想讀書」。

過去內心不夠堅定的時候，我非常擅長尋找「辦不到的理由」。找藉口是越練越上手，到最後連我都相信了自己創造出的「謊言」。後來領悟到時間的珍貴後，我改變了思考的焦點，「沒辦法學習的理由」這才消失不見。例如在沒有太多學習時間的日子，我會思考「擠出學習時間的方法」。換言之，我想的是「該怎麼做，才能生出時間」，而不再是「我也想讀書，但是……」

在我們的人生中，沒有什麼「最適合讀書的日子」，這種日子不會憑空從天上掉下來，或是在適當的時機自己出現，必須由我們創造。靠我們自己的力量，讓今天一天變成「最適合讀書的日子」。不是萬事俱備，才能專心讀書。就算有一兩個不滿意的因素，無論是環境、外界，還是條件，「即便如此」，也只要專注讀書就好。再怎麼從外在找任何藉口，也不會有結束的一天，更沒有幫助。

答案只在我們心裡。當我們把焦點放在「辦得到的方法」，今天一天就會是我們人生中

「最適合讀書的日子」。一切取決於我們的決心。所以今天絕對是我們人生中「最適合讀書的日子」。只要戒掉抱怨，只要下定決心，今天就是我們人生中「最適合讀書的日子」。

我相信，你一定會成為找出「辦得到的方法」的人。

Beyond Story

成吉思汗的信

別怪出身低！

我九歲沒了父親，被趕出部落。

別說自己窮！

我沒飯吃的時候，抓田鼠來果腹。

別怪自己無知、無能為力！

我多聽別人說話，學習進步的方法。

別說人生茫然，所以不得不放棄！

我戴著枷鎖一樣逃獄，臉頰中箭將死，又活了下來。

敵人不在外面，在自己心裡。

我把所有阻礙一掃而空。

戰勝自己的瞬間，我才是成吉思汗。

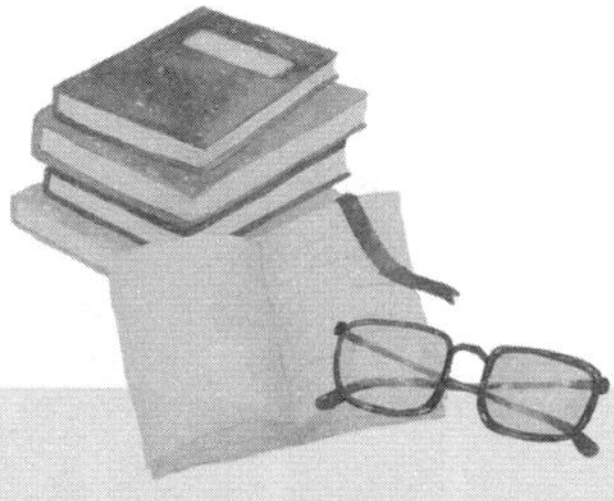

11

學生無心學習，老師再怎麼會教也沒有用

師父領進門，修行在個人。

——中國諺語

見到他人，別錯失機會，向對方學習任何可取之處。那麼，你一定會成為有智慧的人。

——《塔木德》（*Talmud*）

當孔子成為東方學問第一人，聲名遠播後，瞬間從四面八方湧入三千多名青年，都想成為他的弟子。甚至有不少人只要向孔子學習一次，便死而無憾。因為孔子是當時「最優秀的老師」。

起初，進門的弟子大多認真學習。他們帶著炙熱的眼神，豎起耳朵仔細聆聽，一刻也不敢懈怠，深怕錯過老師的教誨。然而日子一久，弟子接二連三退出。學習的心逐漸鬆懈，也逐漸忽視孔子寶貴的教誨，最後一個接一個失去了學習的心。在超過三千多人的弟子中，真正完成學習的人不到十分之一。

宰予正是那樣的弟子。無論孔子說了什麼，宰予總是假裝聽進耳裡，再繼續打瞌睡。每次叫醒宰予，宰予也是眉頭緊皺，佯裝生病，只想躺著休息。有時在上課時間，甚至忙著抓老師話中的漏洞，拿來碎嘴，愛聽不聽。儘管孔子是世界上最優秀的老師，不過面對無心學習的弟子，又能教導他們什麼呢？態度敷衍應付，勉強消耗時間的宰予，最後也放棄了學習。起初聽聞孔子教育有方，特地前來求學，結果什麼也沒學到，依然是靠一張嘴胡言亂語的程度。在某個寂靜的夜晚，宰予離開了老師，頭也不回地奔向遠方。

不知道過了多久，國內發生了天翻地覆的事件。犯下重大案件的宰予被抓捕到案。同樣是向孔子學習，其他弟子在國內各個地方發光發熱，唯獨淪為罪犯的宰予，在正值青春的年齡遭處以死刑。雖然向最優秀的老師求學，卻依然一無所成。由此可見，即使向同一位老師學習，有沒有心學習，將會造成天差地遠的結果。

✦「怎麼學習」比「怎麼教」重要百倍

有心學習的態度是最重要的。然而培養正確的學習態度，「責任」完全在我們身上，心態取決於「我怎麼做」。在這個世界上，沒有任何一位老師可以為學生憑空創造不存在的心。至於尚未準備好學習的人，再怎麼向其他人學習，也學不到什麼。相反地，已經準備好學習的人，隨時都能從他人身上得到滿滿的收獲。

即使老師教得有些粗淺，或者教學不那麼親切，只要有心學習，一定能完整獲得自己需要的智慧。真要說起來，老師會不會教，在我們的學習上沒有太大意義。

只要認真看待、傾聽與感受，絕對能學得好。為了達到這個目標，必須先改變自己的心態，將我們眼前的老師當作最棒的老師。當然，實際上也可能不是。或許隔壁班數學老師的說明更有趣，聽過就能立刻吸收，也或許其他學校韓國史老師是遠近聞名的教學名師。不過即便事實如此，也請相信自己眼前的老師是「最棒的老師」，相信自己正在聽的這堂課是「最棒的課程」。當你真正相信後，老師和課程出人意料地都變成了最棒的老師、最棒的課程。沒有絕對好的老師，也沒有絕對好的課程。只要我們具備三種要素，一是懂得珍惜看待的「目光」，二是懂得珍惜傾聽的「開放的耳朵」，三是珍惜感受的「感動」，那麼隨時隨地都能發現最棒的教學。

再怎麼從各方面抱怨老師，損失的也只有我們自己而已。越是那樣，我們越難專注學習，最後連目光、開放的耳朵、感動都將不復存在，無法利用課程充實自己。只有自己遭受損失。

如果真有心學習，聽課的時候一定要和老師對上眼。可以大聲回答，答錯也沒關係，有時附和老師的笑話，拍手大笑。聽課別只是左耳進右耳出，必須全身心投入。課前先大致瀏覽，課程中有聽不懂的地方，別隨隨便便敷衍過去，隨時向老師發問；課後複習，認真完成作業，別只想著看解答。在做到這個程度之前，沒有資格對課程說三道四。

沒錯，只要我們認真聽課，這個世界上就沒有「廢課」。因為課程不是老師自己唱獨角戲的「表演」，而是學生和老師一起創造的「互動」。比起「老師怎麼教」，「自己怎麼學習」更重要百倍。

✦別拿自己退步的成績單怪罪老師

所以每次成績出來後，拿自己退步的成績單怪罪老師，是多麼沒有意義的事情啊。退步的成績單本是讓自己回歸內在，徹底堅定內心的機會，如果用老師當藉口，焦點不是又轉向外在了嗎？成績退步就立刻換補習班、換家教，也是同樣的道理。像這樣把責任丟到外面，反而錯過了反思自己的機會。這是很危險的。

坦白說，我們成績退步的原因，怎麼會是老師教得不好呢？當然是因為我們心不在焉，懶得讀書，隨隨便便應付；因為我們還沒做好學習的準備，用消極的態度面對課程。要是真的有認真學習，成績隨時都能進步。我們只是想逃避責任而已。「不是我的錯」、「這都要怪學校老師、補習班老師、家教老師」、「所以我沒必要改變」，放著退步的成績不管，卻用「謊言」安慰自己。

也有學生說：「我討厭物理老師，所以物理成績這麼爛。」這種話也非常不負責任。他們忘了自己人生的主人是誰。這種話換另一種說法，就是「我不想讀書」。物理老師和物理科毫無關聯，而我們拿到的物理分數是自己的，不是物理老師的。再說明明是同一位老師教出來的，不也有人考了滿分嗎？乾脆坦白說自己討厭讀書，那還有機會思考怎麼堅定學習的心，如果只是拿老師當藉口，就沒有解決的辦法了。因為那等於拋下自己的責任，這種方式絕對無法讓自己成長。

成績進步就是進步，成績退步就是退步，我們必須用這個事實來反省自己。別只是怪罪老師，把自己隱藏起來。面對事實，我們才會認真思考知道自己哪裡不足，該改過什麼問題，尋找解決之道。重要的不是「聽什麼課」，而是「怎麼聽課」。所以成績退步的時候，我們要改變的不是「正在上的課」，而是「上課的方式」。那才是真正有用的對策。

懂得珍惜看待的「目光」、懂得珍惜傾聽的「開放的耳朵」、珍惜感受的「感動」，擁有這三點就已足夠。這個世界本就沒有特別了不起的課程，有的只是我們讓這個課程變得特別。我敢保證，只要你認真聽課，任何一門課都會成為最棒的課程。

✦所有老師都有值得學習之處

每一位老師都是帶著自己的人生經驗站上講台。老師不僅是傳遞知識給我們的人，也是我們的「人生前輩」。在比我們年齡少則多十年，長則多四十年的歲月中，他們經歷了世界上的大風大浪，累積了扎實的功力。他們先經歷了我們即將步上的人生，塑造了一套自己的人生哲學。表面看來或許不那麼偉大，不過老師們長久以來累積的人生功力，確實不容小覷。

當然，不是面對所有老師，我們心裡都會產生「我以後要成為那種大人」的想法。不過只要有心學習，每位老師至少都有幾點值得學習。例如總是用開朗的表情溫柔對待所有人、仔細做紀錄的習慣、嚴以律人也嚴以律己的態度等。沒有一位老師是沒有可取之處的。另外，不必把各方面都完美的一位老師當作學習典範，努力在各方面向他看齊，最好是把所有老師都當作學習典範，試著從不同老師身上找出一兩個值得模仿之處，這樣未來成為人才的機率更高。

老師和我們一樣是人，怎麼可能十全十美，我們未來成為和老師年紀相當的大人，想必也不可能十全十美。可是在看待老師的時候，我們卻用「最嚴格的標準」。像評審委員一樣坐著看戲，心想「我就看你能表現多好」。面對老師，我們不是「尋找值得尊敬的理由」，而是「尋找無法尊敬的理由」，那樣的態度不可能激發學習的心。於是只要發現任何不滿意的地方，我們便立刻在心中淘汰這位老師，斷定自己從這位老師身上學不到任何東西。

有心學習的人，態度截然不同。他們上下打量，左看右看，想找出老師是否有任何值得學習之處，即使只發現相當微小的優點，他們也會盡全力向這個優點看齊。這樣的態度，才稱得上是有心學習的人。

如果有心學習，就得認真檢視自己心中承載學習的「容器」，看這個容器是否被蓋子蓋住，是否已經被雜物堆滿，又是否底部有破口，這些情況都無法再放進新的學習。讀書讀得好的人，不會是懶得檢視自己心中「容器」的人。每次看見值得學習的優點，他們一定會讓自己沉浸在這個優點中。

✦謙虛有禮是聰明的證明

要想認真檢視心中的容器，首先必須對傳授學問的人保持禮貌，並且懂得珍惜眼前的老師才行。縱使世界上的老師再多，當下在我們眼前的老師也只有一位。光是這點，就足以讓當下的我們尊敬了。

我們是學習者，而老師是教授者，如果沒有虛心學習的態度，我們什麼也學不到。所以對教授者保持禮貌，固然是善良的表現，不過更重要的，是學習者「聰明的證明」。因為那是為了讓自己獲得成長、持續精進，而以謙虛的心面對老師。禮貌不是做給老師看的，而是「做給自己看的」。

老師不在眼前的時候也是一樣的。在老師背後沒有禮貌，甚至直呼老師名諱，詆毀老師、汙衊老師，那麼學習的心也會消失無蹤，感受不到教授者的可貴。我們說出的每句話都具有能量，無論在老師面前或在老師背後，越是保持禮貌，我們學習的心越堅定。別再對老師說三道四了，老師是我們學習必要知識的人，不是評鑑教學方式的對象。自大傲慢的態度不會激發學習的欲望，內心隱隱瞧不起老師的態度，也絕對學不好。

必須外在和內心都尊重老師，才能穩健地學習。請審慎思考是真的沒有什麼可向老師學習的，還是自己欠缺學習的態度。這樣的反省，是為了創造讓學習變得有趣的瞬間。只要做好學習的準備，隨時隨地都能遇見最棒的老師。

✦「我們學校」的學生，「別人學校」的學生

「這是哪門子的學校，爛透了，真是的。」

你曾經這麼想過嗎？覺得自己的學校太落後，沒有任何讓人滿意的地方，所以糟糕透頂。又是否曾經滿臉嫌棄，抱怨應該沒什麼人像自己一樣上這麼爛的學校，把自己正就讀的學校看作是「別人學校」，而不是帶有認同感的「我們學校」？

可是啊，要批評自己學校「爛透了」之前，不是應該先去別間學校上課再來比較嗎？我們根本沒上過別間學校的課呀。我們上過的國中只有「我們國中」，我們上過的高中也只有「我們高中」。所以批評「我們學校多差多爛」的話，其實只是空口說白話而已。

還記得高中階段，一位朋友從激烈的競爭中脫穎而出，考上一所建築物新得發亮，大舉挖角教學深受好評的老師，就連營養午餐也好吃到在網路上瘋傳的新高中，卻對我說：「我

們學校爛透了。」讓我大感意外。明明上了那麼好的學校，卻像是批評「別人學校」一樣，滿不在乎地詆毀自己的學校。那時候我深深體悟到一點：無論學校是好是壞，一切取決於我們的內心。

學生沒什麼心思學習，學習的意志也不夠堅定，卻能輕輕一揮「魔法棒」，解決學生所有問題，這種學校打著燈籠也找不到。隔壁學校朋友問「你們學校怎麼樣」，只會回答「爛透了」、「不怎麼樣」，就是因為我們期待的是「世界上不存在的學校」。一旦我們輕視自己所屬的組織，那一刻起，心中伺機而動的抱怨機制將會啟動。於是開始怪罪學校，創造出各種「辦不到的理由」。與此同時，學習的心也消失得無影無蹤。「雖然有些不滿意的地方，不過優點還是很多的！」這才是正確的學習心態。在我們心中，我們就讀的學校必須是「我的學校」、「我們學校」。如果當成「別人學校」來看，甚至嗤之以鼻，最後只會讓自己意志渙散而已。

在我無心學習的那段時間，經常四處說學校的壞話，所以我很清楚。越是把這些抱怨掛在嘴上，眼中所看到的越是負面的地方。如此一來，學習的心也逐漸消沉。然而某天起，我決定做出改變，刻意只看好的方面。結果不到兩週的時間，原本老舊落後的設施、令人不滿的規定、只想應付過去的課程，似乎都不再那麼面目可憎了。學習的心也重新活了過來。我這才明白，問題的關鍵不在於學校本身，而是我的內心。

既然寫到母校，我也順便報名了針對九年級學生的學校說明會，提供他們是否選擇母校的諮詢。內容當然是宣揚學校的好，推薦他們來就讀。為了準備說明會，我試著把母校的優點全部寫下來，經過一整夜的思考，最先浮現在我腦中的想法，是「我們學校真是一間好學校」的信心。因為這樣，在見到九年級學弟妹後，我才能信心滿滿地推薦母校。如果一心怪罪落後的設施、嚴格的規定、偏僻的位置，我們學校確實不怎麼樣，然而在改變心態後，這些缺點都變成了優點。

雖然建築物老舊，不過這裡有許多值得學習的老師；雖然被嚴格的規定綁得死死的，不過也因此每天都過得充實有意義；雖然學校矗立在荒涼的山裡，四周什麼都沒有，不過也避免了自己被五光十色的東西迷惑；雖然只能使用傳統的茅坑，但是學校每個角落都能看見松鼠、兔子、水鹿、梅花鹿，是一間「親近大自然的學校」。相信自己的學校是一間好學校後，學習效果也越來越好。比起過去常說些毫無意義的話，整天憤世嫉俗，現在要守住學習的心變得更容易了。

「再怎麼努力往好的方向想，還是沒辦法那樣看待我就讀的學校。」如果你真的這麼想，請立刻轉學到其他學校。一味抱怨學校，只是浪費自己寶貴的時間和精力而已。但是，如果還不到轉學的程度，請先改變自己的「心態」。告訴自己試著找出優點，盡力愛上自己的學校。既然是自己就讀的學校，就別事不關己，當成「別人學校」看待，下定決心讓這間學校成為自己心中的「我們學校」吧。

經過一段時間後，情況將有所改善，這所學校真正變成了「我們學校」。這間一天當中待最長時間的學校，越來越讓人滿意，我們學習的心也越來越堅定。既然是自己就讀的學校，就別當作「別人學校」來讀，讓它成為「我們學校」吧。一切取決於我們的決心。

「怎麼學習」比「怎麼教」重要百倍。只要下定決心，無論在哪位老師底下學習，都能學得好。目前就讀的學校是「我們學校」，還是「別人學校」，端看我們的內心。當我珍惜這一切的瞬間，那些已經發生在我們身上的事情，都將煥發出不同的價值。越滿足於自己所擁有的一切，學習的心也越加堅定。

我相信，你一定會成為「懂得好好學習的人」。

Beyond Story

「到底要整我到什麼時候？」

有一位夢想成為珠寶鑑定師的年輕人。他找上珠寶鑑定達人，請求達人傳授祕訣。然而滿頭白髮的珠寶鑑定師搖了搖頭，說學習珠寶鑑定需要極大的毅力和耐心，最近年輕人都缺乏這些條件。年輕人不肯罷休，央求珠寶鑑定師給他一次機會，展現「學習的決心」。

最後珠寶鑑定師拿出一張椅子，要年輕人握住一小顆鑽石，乖乖坐著，什麼話都別說。讓年輕人坐下後，珠寶鑑定師默默地繼續自己的工作，年輕人只能靜靜地等。

一天過去。翌日一早，珠寶鑑定師又讓年輕人握住昨天的鑽石，下達同樣的命令。第三天、第四天都是如此。經過一週後，年輕人滿腔怒火，對不明白自己那樣渴望學習的師父感到失望。

「師父，我想學習。什麼時候可以開始學習呢？」

珠寶鑑定師只是冷冷地回了一句：

「馬上就會學到了。」

又這樣過了十天，年輕人備感挫折。「如果不想教我，乾脆說不要就好，這樣浪費我的時間是不對的。」所以他決定當天一早，如果珠寶鑑定師再給相同的指示，就要丟掉鑽石大吼：

「到底要整我到什麼時候？」

然而就在年輕人準備丟掉鑽石的瞬間，下意識喊出了這句話：

「這不是昨天的鑽石啊！」

語畢，師父笑臉盈盈地回答：

「總算開竅了呀！」

是的。只要有心學習，即使有段時間看似一無所得，我們內在其實早已累積了一些收穫。

所以比起到處抒發不滿，全心專注於「自己的學習」才是對我們最有利的，不是嗎？

12

不是所有人都有機會讀書

請記住，當我羨慕別人擁有的一切，同時也會有「另一個人」真心羨慕我所擁有的一切。

——古羅馬詩人普布里烏斯・西魯斯（Publilius Syrus）

有兩種方式度過你的人生，一種是「把什麼都當作奇蹟」，另一種是「把什麼都不當奇蹟」。

——美國理論物理學家愛因斯坦

衣索比亞的青少年沒有鞋子，只能赤腳走過陡峭的岩山、粗糙的沙地、尖銳的碎石路，走到雙腿腫脹。有時強壓著疼痛的腳趾甲走路，最後趾甲整片脫落；有時腳掌龜裂受傷，血流不止；甚至有時一個踩空，腳腕扭傷，腫脹的傷口化膿，面臨截肢的命運。年輕人瘦弱的肩膀上，扛著重量驚人的布袋，整天重複著一般成人都難以承受的劇烈勞動。沒有鞋子，只能赤腳。

對衣索比亞的青少年而言，穿鞋子是一件奢侈的事。就連對未來懷抱夢想，也是難以想像的。身邊有太多朋友餓死或病死。對他們而言，唯一重要的只有生存下去。他們必須養活自己。所有人當然都想上學。在他們幼小的心靈中，也知道想脫離這個悲劇般的命運循環，唯有讀書一途。但是絕大多數的青少年沒有機會讀書，甚至連夢想美好未來的自由也沒有。他們想問，有誰想像得到他們看不見任何希望的「無盡悲慘」？

在絕望深淵中的衣索比亞青少年之間，據說最近流行一種名為「巧茶」的毒品。這些對未來無法懷抱夢想的年輕朋友，選擇自暴自棄，主動走進難以回頭的「毒品世界」。在盡情揮灑亮麗的人生前，他們早就倚靠在房中的牆角，用迷濛的眼神無力地張望著令人怨恨的世界。是他們放棄了自己。然而這也是無可奈何的、令人厭倦的茫然生活造成的悲慘現實。

這個世界上渴望讀書的人不計其數，然而不是所有人都有機會讀書。自古以來都是如此。對現在的我們來說，「讀書的權利」是那樣理所當然，以至於經常忘記有一群「失學的人」。想必多數人都不曾認真想過。現在請仔細想想，是否從古至今世上所有人都同樣享有「讀書的權利」。

答案是否定的。翻遍整個歷史，也找不到那樣的情況。長久以來，讀書一直是「富裕階層的特權」。沒有夢想的自由、沒有資格懷抱希望的人們，永遠占壓倒性的多數。即使是現在這一刻，依然如此。

每天被迫接受十八小時高危險軍事訓練和洗腦教育的北韓青少年；由於女性的身分受盡侮辱與威脅，工作一刻不得閒的中東少女；一整年蜷縮身體做著機械般的工作，從沒能好好伸展腰部和背部，一生病便像廢鐵一樣被拋棄的第三世界青少年勞工……。他們和我們一樣都是人，也和我們生活在同一個時代。然而他們有生以來，連接觸學習的機會都沒有。

我們享有「學習的自由」。我們任意浪費的「這一刻」、「這個機會」，卻是某個人望穿秋水，卑微地渴望短暫擁有，最後依然「無緣享受的祝福」。除非重新投胎，否則他們的願望絕對無法實現，我們有幸享有的「學習的特權」，可不能不當一回事。

現在起，我們將一探四位「走過失學歲月的人物」。他們都是真實存在的人物。借用他們的口吻敘述故事，就像親眼見證這個歷程。如果從第三者角度來看，這些故事也可以客觀描述，然而我們必須藉由這些故事好好思考，「要是我面臨那樣的情況，又會是如何？」所以，請努力讓自己變成這四位人物吧。想像那些是自己真正遭遇的事情、身處的情況。之後，再帶著難以平復的心情，重新來談「我們所擁有的一切」吧。

◆曾經失學的我1　傑克・倫敦的故事

我是傑克・倫敦（Jack London），一八七六年出生在美國舊金山。因為一些原因家道中落，父母全都病倒，討債的人經常找上門來，我只好出外賺錢。因為家中還能自由活動的人，只剩我一個人了。如果我不賺錢，全家都得餓死。養活一家人的重擔壓在我肩膀上。我只有十歲，就得面對這個棘手的辛苦人生。

我工作相當勤奮，交辦的事情使命必達。當我踮著腳尖騎上比我高的腳踏車，吃力地將一疊報紙搬上腳踏車，時間已經來到凌晨三點。這時開始挨家挨戶送報紙。我常在暗夜中接連摔車又爬起，手肘和膝蓋沒有一處完好。有幾次甚至讓報紙散落在地上，挨了老闆嚴厲的指責和訓誡。天亮後，我找個地方坐下，開始拉開嗓門叫賣。當然，兩旁大人都是有數十年販賣經驗的老手，所以我很難有賺錢的機會。只能暗中察言觀色。那又能怎麼辦呢？如果那天生意慘澹，全家人就得一整天挨餓。這讓我每天都很擔心。

儘管天空下起傾盆大雨，所有人都結束營業，我仍然獨自留下來等待客人。被淋成落湯雞的行人來來去去，我對著他們大聲叫賣，一邊揮舞著雙手，苦苦哀求他們看這裡一眼。這跟乞丐乞討有得比。我是一個比任何人都了解飢餓的十歲孩子。有時還得抽空去保齡球場，用毛巾把寬闊的室內地板擦得亮晶晶。我也賣過冰淇淋，雖然那是我最討厭的工作。我每天滿頭大汗地穿梭在大街小巷，只為了多賣出一支冰淇淋。

購買冰淇淋的客人，十之八九是同齡小孩。看著每條巷弄在一起嬉鬧的孩子，心裡非常羨慕，我也想跟他們一起玩，哪怕只有一天也好，有時候真想哭。向我買冰淇淋的客人，大口大口咬下冰淇淋，一旁看著的我，也禁不住口水直流，就算我工作一整天，也買不起冰淇淋。冰淇淋賣了這麼久，卻從沒吃上過一口。那在口中逐漸融化的美妙滋味啊！每到夜晚，我總是想著冰淇淋的滋味入睡。儘管我不可能央求老闆讓我吃一口。

我也得面對地痞流氓的找碴。那些盜獵者和海盜不停騷擾我，抓著我的衣領，逼我交出錢財，用棍子把我打到腦袋開花，讓我隔天整張臉腫脹，睜不開眼睛。真是委屈又難過。有次甚至不分青紅皂白把我推倒在地，鞋子用力踩在我脖子上！我幾乎無法呼吸，以為就要死了。我嚇得全身發抖，哭喪著臉苦苦哀求饒命。既悲慘又恐懼。我究竟做錯了什麼？路上沒有任何人願意伸出援手，只有我一個人悲痛。

我內心唯一的依靠只有圖書館，這是我唯一可以享受的奢侈。閱讀給予我溫暖的安慰，讓我在惡劣的人生中堅持下去。我不必看人臉色，可以盡情將美好的事物放進我腦袋裡，我對這樣的閱讀時間感激涕零。這是我不該結束人生的唯一理由。我相信總有一天，我一定能成為「買得起冰淇淋的人」。為了這個目標，我必須學習。我一定要擺脫悲慘命運的枷鎖，我想擁有體面的工作。每次想到這裡，不禁心潮澎湃，嘴角上揚。我很清楚，除了學習，沒有別的方法。我覺得渾身充滿鬥志。

儘管如此，我也不可能放棄賺錢的工作，不是隨時說去圖書館就去。我閱讀的時間，是被人欺負，倒在市場地板上的時候，是賣冰淇淋賣到懷疑人生的時候。不過我依然堅信自己一定可以上學，用這樣的信念度過每一天。但是，原本應該有所好轉的家境，竟每況愈下。原本打定主意一到十三歲，就要進學校讀書，沉浸在學習的快樂中，但是不知怎麼地，債務卻像滾雪球般越滾越大。「該怎麼辦才好呀？」我左思右想，最後放棄了入學。十三歲的我像個洩氣的皮球，只能望著同齡孩子上學的背影，滿心羨慕。沒錢買冰淇淋吃，已經夠令人絕望了，如今竟然沒錢上學！肯定是哪裡出了差錯。學校就這樣成為我心中的另一個「冰淇淋」。

最後，我該去的地方不是學校，而是罐頭工廠。要想還清越滾越多的債務，就得比過去賺更多錢。雖說是罐頭工廠，其實是豬圈裡七拼八湊起來的地方。這裡令人作嘔的氣味直衝腦門，我每天必須在這裡工作十九個小時。為了追上傳送帶的速度，連腰部都沒能好好伸展。稍一閃神，罐頭便嘩啦啦掉了出來。

「我要上學啊……」「我想上學啊……」實在不甘心。我非讀書不可。我也想和別人一樣過著平凡的生活，卻連這個期待也不能如願。埋頭工作的時候，窗外經常會傳來孩子們上學的聲音。不知道是什麼有趣的事情，一群人吵吵鬧鬧好一陣子，又趕緊跑走，大概是要遲到了吧。那樣的聲音聽起來真美好，讓我想逃出工廠，立刻跑去學校。每當這時，我總是用雙手摀住嘴巴。我不想被別人聽見我的哭聲。

一八八八年，我是十三歲的傑克．倫敦。

我想讀書。

◆曾經失學的我2　索菲．熱爾曼的故事

我是索菲．熱爾曼（Marie-Sophie Germain），一七七六年出生在法國巴黎。生為女人，我似乎一開始就遭受詛咒。這個詛咒的規則相當簡單。只要是女人，任何人都不配擁有自己的人生和夢想，那些是男人的特權。我們女人的命運早已注定——服從男人！一旦受到這個詛咒，除非重新投胎，不然擺脫不了這個枷鎖。從我牙牙學語開始，已經開始接受母親的女德教育了。從幫忙家務到學習家務，做好一輩子操持家務的準備。對了，有時還得學習如何

服從丈夫，如何成為丈夫永遠深愛的妻子，以免被丈夫拋棄。女人不該逾越分寸，插手男人的工作。「只要男人開口，就算是不對的事情，也要絕對服從！」這些教導已經耳熟能詳，都能倒背如流了。長輩經常耳提面命，說女人應該陪在男人身旁若有似無，一輩子活得像個影子一樣，這是女人唯一該信奉的人生目標。

儘管我表面順從，內心依然無法認同。「影子」是什麼意思！這跟叫我不要活得像個人有什麼區別？如果要一輩子為男人做牛做馬，最後沒能完成人生的目標，那我的人生該有多麼悲哀啊？真委屈。我一輩子都得像母親一樣待在同一間屋子裡，用了無生趣的表情和一成不變的方式，做著枯燥乏味的馬鈴薯生意，洗著永無止境的衣服和碗筷。真讓人沮喪。我心裡可是早就計畫好了「想做的事情」和「渴望實現的夢想」呢！

我想成為數學家。自從兒時在父親的書房內無意間發現數學書籍後，就一直堅持這個夢想。我越來越沉醉於學習數學，完全被數學迷倒。那種一開始摸不著頭緒，隨著接觸得越深，收獲越多的滋味，最讓人著迷。在我運算邏輯縝密的公式和證明題時，時間總是飛快流逝，不知不覺就到了早晨。這些學習都是非常有趣的經驗，讓人流連忘返。

到了冬天，我因為陶醉在學習的滋味中，疏忽了學習家務，弄得全家人仰馬翻。長輩們勃然大怒，擔心我走上錯誤的道路，無法成為人見人愛的貴婦。父親氣得滿臉通紅的樣子，還是我有生以來第一次看到。父親不以為然地對我說：

「索菲，女孩子沒事去讀那些書做什麼呢？」

最後，父親沒收了我房內的暖爐和油燈。就算這樣，我還是不願意退讓。等到深夜眾人入睡，整間屋子一片漆黑，我才躲在房間的角落，用棉被裹住全身，偷偷翻開數學書籍。為了怕被發現，連呼吸都特別謹慎。在沒有一絲暖氣的寒冬房間內，每一口氣都化為縷縷白煙。我點燃瞞著家人偷來的蠟燭，溫暖凍僵的雙手，藉著燭火學習。

我每晚像個小偷暗自學習，白天假裝學習家務，日子就這麼一天天過去。然而某天，我依舊徹夜沉醉在學習的世界，沒想到太過認真竟暈厥倒地，不省人事。父親匆匆趕來，高聲驚呼：

「天啊，怎麼會！你又讀書了！你這孩子是怎麼回事，怎麼都不聽父母的話呢？」

都說夜路走多會遇到鬼，讀完書後，墨水瓶放在書桌上，還沒來得及藏起來。父親在我面前用力搖晃冰凍的墨水瓶，接著瞪大雙眼，顫抖著嘴唇緩緩吐出幾個字：

「你以後，絕對不能再讀書！」

我全身無力，只能點了點頭。如果我是男人，這種情況父親不但不會發脾氣，還會輕輕撫摸我的頭吧？眼淚不爭氣地流了下來。後來有好一段時間，我只能無奈地學習家務。不過有句話說：「天無絕人之路。」確實所言不假。因為聽說有一群數學家來到這座城市，打算創辦學校。這個天大的消息令人不敢置信。失去人生目標的我，眼裡又再次閃耀出光芒。原本沒辦法讀書，日子過得相當苦悶，竟然有個絕佳的機會送上門來！心情激動得快要飛上天。

然而現在，我的心情猶如洗三溫暖，墜入最悲慘的處境。是啊，我這個笨蛋，怎麼會抱有期待呢？明明我是個女人，明明是女人的身分！我四處打聽入學的方法，得知那間學校不收女學生。想必也是吧。注定要跟在男人身後，聽候男人差遣的女人，怎麼可能被允許坐在那樣神聖的學校教室裡呢？先前的情緒激動，只是我一個人空歡喜而已。

這個世界錯得一塌糊塗。只因為女人這個理由，就得理所當然接受那樣的差別待遇？面對什麼也改變不了的情況，我感到無比憤怒，卻只能暗自神傷。那段晚上沒能休息，偷偷讀書的歲月，又算什麼呢？我至今夢寐以求的數學家夢想呢？更可恨的是，我曾暗自決定要活出有尊嚴的人生，而不是男人的附屬品，如今就這樣化為泡影了嗎？

一七九三年，我是十八歲的索菲．熱爾曼。

我沒機會讀書。

✦曾經失學的我3　弗雷德里克・道格拉斯的故事

我是弗雷德里克・道格拉斯（Frederick Douglass），一八一八年出生於美國馬里蘭州。我一出生就是奴隸，也終其一生是奴隸。所謂奴隸，即使工作到粉身碎骨，也不該有一分一秒為自己而活。一輩子都必須為別人而活。我只為主人而生，為主人長大，並且只受主人使喚。要是有任何一刻照自己的意思，那就是犯錯，也許還會被射殺呢。

同樣是奴隸的丹比（Denby）大哥，就是這麼死的。說他稍微偷懶了一下，就把他的腦袋射到開花。河中的丹比大哥死狀悽慘，令人恐懼。他支離破碎的肉塊緩緩沉入水中，剛才站立的位置漂浮著一片血水和腦漿。我們被嚇得呆呆站在原地，主人們似乎是想殺雞儆猴，一邊拍手，一邊笑得合不攏嘴，嘲笑著丹比大哥的死。

我一天吃兩餐，每餐五分鐘，只有讓人餓不死的飯量。飢餓難耐的奴隸，經常為了路上被人丟棄的食物殘渣和豬隻展開決鬥。奴隸的義務，就是拚死工作到斷氣的那一刻。我們得洗馬、準備飼料、打掃馬廄、開墾荒地，也得播種、拔草、收割麥子，還得生產鞋子、編織布料、清理環境。四處都有持槍的督察員，瞪大了眼睛監視著。我們連偷懶片刻的機會都沒有。直到夜幕降臨，所有人累得半死，才能躺在爬滿蟲子和老鼠的泥土地上入睡。每一天都是痛苦的延續。

就在某天，好運突然降臨。我被賣給另一戶人家，奧爾德（Auld）夫人教我認識字母，也教我一些寫字的方法。她的丈夫奧爾德先生甚至親眼見到這個場景。

「你瘋了嗎？那孩子是奴隸啊！不能讓他們什麼都知道！絕對不可以教奴隸識字！他們一旦讀了書，就會為所欲為，不會再聽我們的命令工作！」

奧爾德先生氣得全身發抖，漲紅著臉高聲吼叫。我像是被槌子狠狠敲了一下後腦杓。因為我看穿了他們陰險狡詐的祕密。這是陰謀。我終於明白，主人可以隨心所欲使喚我們，原因就在於「我們沒有受過教育」。這時我下定決心：

「一定要讀書，絕對不能按照主人的意思活著。我要瞞著所有人偷偷讀書！」

我抱著必死的決心，堅定自己偷偷讀書的信念。這可是非常危險的決心，千萬不能被任何人發現。不知道主人是不是有所察覺，開始徹底監視我的一舉一動，或許是擔心我讀書，對我的要求也越來越嚴苛。越是這樣，我越拚死命讀書，

每次去跑腿的路上，我總會躲起來識字，也會迅速結束工作，偷偷練習寫字。有時偷藏主人兒子的書，隨手抄在圍牆、牆壁或道路上。這種時候相當驚險，一不小心可能賠上性命。我也會省下晚餐，將麵包送給附近白人孩子當零食，請他們教我識字。看著這些可以理所當

然規畫自己人生的白人孩子，心裡很不是滋味。我只能轉過身去，低聲哭泣，盡力將奪眶而出的眼淚往肚裡吞。

看人臉色偷偷讀書，速度自然出奇緩慢。七歲白人小孩認識的字，我得犧牲七年驚心動魄的歲月，才勉強能讀能寫。如今，我也算是完成了正式學習前的準備。求知若渴的我，渴望徜徉在智慧的大海中，閱讀知識深奧的書籍。不過要想這麼做，得先完成一件事才行。

逃跑！是的，我必須逃跑。只有擺脫奴隸的身分，我才能真正開始學習。花費七年時間識字，就是為了逃跑之後可以好好學習。這個地方是再也無法讀書了。監視的目光越來越嚴厲，就連偷偷讀書也不可能了。雖然要走的路還很遠，但是該怎麼走下去，我依然沒有答案。我得找一條路，讓追捕者無法跟上我的腳步。不過，我不能被跟在後面可怕的鬣狗追上，死在牠們尖銳的牙齒下。當然也不能落海溺死，或是被蠍子螫傷、被蛇咬傷，再緩緩死去。儘管這條路上充滿了難以預測的危險，可能是某人在伸手不見五指的黑暗中騎馬出現，可能有鞭子從某個地方揮向我的腦袋，也可能遭遇危險而腦漿四溢，不過我還是得出發。

為了這天，我已經做了長期的準備。我相信自己一定能活下來，變成自由之身。變成自由之身後，一定要好好讀書。我總有一天也可以像白人小孩一樣，自由自在地讀書。所以我必須賭上性命逃跑，並且成功活下來才行。我的呼吸越來越急促，幾乎無法喘氣，我的脈搏瘋狂跳動，我的心臟噗通噗通地跳。再繼續猶豫下去，我一輩子都只能是奴隸。我想活得像個人。

一八三四年，我是十七歲的弗雷德里克・道格拉斯。

我想讀書。

◆曾經失學的我4　李宇根的故事

一九五〇年八月十一日，凌晨三點五十分。北韓軍正等著發動戰爭。這裡是南北韓交鋒的戰場。整夜睜大眼睛，焦急守候的我，正要闔上眼皮的剎那，流星般拖著一道長長藍尾巴的信號彈「砰」的一聲爆炸。這代表附近有敵軍埋伏。現在依然是一片漆黑的凌晨，什麼也看不清楚。

冷汗沿著背脊滑落。不到一百公尺的前方，傳來北韓軍集體快速前進的腳步聲。沒時間思考了。再猶豫下去，敵軍就要兵臨城下了。不知是誰立刻向敵軍投擲手榴彈。接著是一陣令人顫慄的寂靜，壓得人喘不過氣。打破這短暫寂靜的，是尚未斷氣的北韓軍發出的嚎叫。這聲慘叫宛如禽獸的吼叫聲。

「唉唷，我的媽呀！」

那聲呼喊令我為之一震，彷彿刀尖不停劃過我的心臟。這不是和我使用同個語言的大韓民族嗎？我的心情難以言喻，只希望戰爭盡快結束。我多麼想再回到學校。我想讀書，不希望戰爭。

我原本不是軍人，我是首爾東星國中三年級的李宇根。因為我讀書讀得不錯，母親特地送我來首爾求學。我是個平凡的國中生。一早起床上學，下課後喜歡和朋友們四處鬼混，過著無憂無慮的生活。戰爭之類的事情，作夢也不曾想過。讀書也還算有趣。用鉛筆在潔白的紙上寫下工整的文字，總能讓我心情平靜。在學習的同時，心中的夢想也接二連三出現。我有許多未來想從事的職業、想挑戰的目標。

這都是在北韓軍忽然入侵之前的事了。我和家人分開，一個人住在首爾，稍晚才踏上逃難的路。我沒日沒夜地走，走到雙腿腫脹，化膿流血。抵達大邱站的時候，等待我的卻是一張蓋好章的學生軍申請書。那時候我穿著學校制服，現在也還穿著學校制服。我就這麼穿著制服上戰場。真希望戰爭盡快結束。我想撣一撣被塵土弄髒的制服，重新回到學校，我想讀書。我還有遠大的夢想，不能就這麼放棄。

清早六點，戰爭重新開打。北韓軍一發射子彈，我方立刻扣動扳機，同時實施砲擊。四周瀰漫著刺鼻的煙硝味，縈繞鼻尖，久久不能散去。每次發射子彈，我們都能看清楚敵軍的表情，以及身體中彈後汩汩流出的鮮血。戰火稍停後，全身好似要燃燒起來。我想大口大口灌進冰水，但是戰場上由不得你喘息。包括我在內的五個人，偷偷潛入敵方的陣地。我悄悄躲在石牆後，而北韓軍絲毫沒有察覺我們的存在，正忙著架起機關槍。我們迅速拔出手榴彈的插銷，向外偷看一眼後，喊到「一、二、三」，立刻同時丟出炸彈。瞬間，震耳欲聾的爆炸聲響起，五道火柱直衝天際，北韓軍全員殲滅。

「哪怕是衣角被發現，我們都會被殺害！」

一如潛入敵軍時那樣，我們謹慎地平安回到國軍基地。戰爭的局勢立刻反轉，北韓軍暫時收起了槍械，敵軍消失在遠方，令人心驚膽顫的槍聲也終於停止。一切歸於平靜後，我悄悄取出制服口袋內的手冊，並且開始振筆疾書，寫下這封要寄給母親的信。

媽！我殺人了。我丟出手榴彈這個可怕的爆炸武器，瞬間殺死對方。媽！敵軍的手臂被炸飛，整隻腿也飛了出去。雖然他們是敵軍，不過再怎麼說也是人，而且還是和我們使用相同語言，流著相同血液的同種人，想到這裡，胸口既難受又沉重。媽！為什麼要有戰爭呢？我覺得好可怕。現在在我身旁的許多同學，一個個趴在炙熱的陽光下，像是等待著死亡。敵軍人數眾多，我們卻只有七十人。一想到無法預期的未來，心情便無比沉重。

昨天我親手洗了內衣。可是換穿內衣的時候，不知道為什麼會想到了壽衣。

媽！也許我會死在今天也不一定。敵軍那麼多人，似乎不會留我們生路，就此善罷甘休。媽！我不是怕死。只是想到再也見不到您和其他兄弟，不禁感到害怕。但是我一定會活著回去的，我一定會活下來。

媽！現在我的心情總算平復下來了。媽，我一定會活下來，重新回到您的身邊。我想吃菜包肉，想在家門前的井邊盡情享用冰涼的泉水。啊！敵人又靠近了。我會再寫信的。媽，保重！保重！啊，不是保重。我們一定會再見的。以上。

遠方傳來北韓軍重新集結的喧鬧聲，我趕緊為這封信結尾。敵軍人數比剛才更龐大，他們揚起塵土，準備發動全面進攻，移動相當快速，似乎不願給我方任何空閒的時間。雖然我們立刻持槍準備反擊，但是該死！子彈一下子就用完了。敵軍集中火力攻擊我們的雙腳，似乎是想等我們腿部中彈，掙扎倒地，再瘋狂掃射身體，讓我們再也站不起來。學長和朋友們曬黑的臉上，布滿了深深的恐懼和淚水。我跑向敵軍，一邊瞄準他們，然而我按下的只有空的扳機。我感到恐懼又害怕。每次敵軍的手榴彈爆炸，大地隨之震動，我的身體也抖個不停，濃煙和刺鼻的味道讓人看不清楚眼前。

就在這時，一顆子彈穿透我的制服，深深鑽入血肉深處。我握著沒有子彈的空槍，向天空胡亂揮舞。我想忍住，但是接下來強烈的、撕心裂肺的痛楚，讓我用盡全身力量發出喊叫。敵軍抓住機會，接連向我發射子彈。我一屁股跌坐在地。「不能這樣下去啊……」我的意識逐漸模糊，思考越來越慢。不過有一點我非常清楚：我已經無法活著離開這個地方了。

我開始陷入恍惚之境，過去令人難忘且懷念的生活片段，如走馬燈般一幕幕掠過。在學校和朋友們聊著天走向教室的記憶、揉著愛睏的雙眼，認真聽老師講課的記憶、窩在房間內寫作業的記憶、和家人坐在一起聊天的記憶、躺在母親腿上撒嬌，舒服入睡的記憶，以及母親看著我，彷彿自己是世界上最富有的人一樣，露出的幸福微笑。

我的胸口感到一陣溫熱，覺得自己真沒出息，沒能遵守和母親的約定。這時，瞄準我的機關槍槍口，又再次射出無數發子彈。

一九五〇年八月十一日，我是東興國中三年級十六歲的李宇根。我再也吃不到菜包肉，喝不到冰涼的泉水，也沒辦法活下來再次見到心心念念的母親。

我沒機會讀書。

✦「學習機會」是上天賜予我們的祝福

我們與生俱來的學習機會，並非「不值一提」。現在各位享有的這個機會，是驚人的奇蹟與絕妙的好運相輔相成，最終才形成的「天大祝福」。想像一下，如果前面介紹的四位主角暗中觀察我們的一天，會是怎麼樣的。當他們看到我們無奈地上學，坐姿歪七扭八，懶懶散散消磨時間的樣子，肯定會受到相當大的打擊。他們也許會覺得自己竟如此可悲，搞不好還會詛咒我們。可能有人雙腿一軟跌坐在地，痛哭失聲。也可能有人一邊叫喊：「那對我而言像性命一樣寶貴，如果不重新投胎，絕對沒辦法享受的祝福，你們竟然那樣浪費？」一邊抓著我們的衣領死命搖晃。如果他們帶著淚光閃閃的眼神問道：「你怎麼可以浪費那麼寶貴的機會？」我們能拿出什麼薄弱的理由嗎？

希望各位永遠記住，可以讀書是「天大的祝福」。對於可以讀書這件事，「認為是祝福的人」和「覺得理所當然的人」，最終將走向不同的道路。因為一開始的心態就天差地遠。正如在起跑線上只是方向歪了1度，等賽跑進行一段時間後，將出現兩條完全不同方向的路。

希望各位都了解，可以讀書的機會是上天的祝福。所以盡情行使你可以讀書的特權吧。最好連沒有讀書機會的人的夢想，都一併攬在身上，向前奔跑。那是我們本該擔起的責任。

把祝福視為理所當然，甚至輕視祝福的瞬間，祝福將不再是祝福。是無關緊要，還是寶貴，取決於我們的內心。衷心期盼各位都能成為懂得珍惜祝福的人。因為只有那樣，才能享受全然的祝福。

我相信，你一定會成為「珍惜祝福的人」。

Beyond Story

他們背後的故事

傑克．倫敦的學習斷斷續續，在經過一番波折後，終於進入大學，並且成為一九〇〇年代最具代表性的小說家。他接連推出幾部暢銷書，內容都是描寫底層人民悲慘的生活。尤其在處理兒童、青少年、勞工人權的題材方面，更有著其他作家望塵莫及的熱情。傑克．倫敦的小說對今日義務教育的誕生，帶來了直接的影響。

索菲．熱爾曼雖然沒能進入數學學校，仍每天向友人借來數學學校的筆記學習，更以「拉白朗（Augusts Antoine Le Blanc）」的男性名字自稱，最終成為十九世紀超越歐洲所有男性數學家的翹楚。今日的法國巴黎，還有借用其名字的「索菲．熱爾曼街」和「索菲．熱爾曼高中」。她輝煌的成就，使人們了解到女性教育的必要性。

弗雷德里克．道格拉斯逃脫後，立刻被關入監獄。儘管歷經多次生死難關，他依然沒有放棄成為自由之身的夢想，最終在第二次逃脫的時候成功。即便如此，道格拉斯並不滿足於個人的自由。他撰寫了揭露奴隸悲慘現實的書《美國奴隸弗雷德里克．道格拉斯的人生自述》，並積極投入廢除奴隸制度的演講與運動。一八六〇年美國總統大選前，一位承諾廢除奴隸制度的候選人投入選戰，道格拉斯不顧死亡威脅，積極為他輔選。這位候選人正是「亞伯拉罕．林肯」，他在當選為美國總統後，全面廢除了奴隸制度。

包含李宇根在內的浦項學生軍，在八月炙熱的豔陽下壯烈犧牲。當時除了洛東江一帶，朝鮮半島多數地區都被北韓軍占領。這些小小學生軍在浦項對戰北韓軍，多虧他們拖延了四天三夜的時間，南韓國軍才能無後顧之憂地準備反擊。

傑克．倫敦、索菲．熱爾曼、弗雷德里克．道格拉斯、李宇根這四人並未讓自己停留在失學的處境中。

13

比起自己，他們更希望我們過上「好日子」

即使被子女鄙視，父母也沒辦法完全討厭孩子。

——古希臘詩人蘇格拉底

我們從一個女人的肚子出生，喝這個女人的奶水長大，讓這個女人操心，如果長大後連這個女人都不能全心去愛，我們還有什麼資格夢想這個世界上任何一種愛呢？

——韓國編劇盧熙京

有一位和母親相依為命的少年。他結交了不良朋友，幹下許多壞事。在某個滂沱大雨的日子，他被疾駛而來的卡車撞上，出了嚴重的意外。母親心急如焚地趕往醫院，然而少年已經失去了雙眼。他無法接受自己的不幸，陷入深深的絕望與困境中，整天咒罵這個世界，並且緊緊關上了心門。從旁看著兒子這副模樣的母親，心痛得無法言語，只能以淚洗面。

然而就在某天，傳來某人將捐贈一隻眼睛給少年的消息。可是少年對這個消息卻開心不起來。最後在母親好說歹說下，才接受了單眼移植手術。接下來一段時間，少年必須用繃帶遮住眼睛。但是在這段時間，少年仍繼續抱怨，說未來獨眼龍的生活要怎麼過下去。母親只是默默聽著少年的話。

經過一段時間，終於到了少年拆開繃帶的日子。看見眼前的瞬間，一顆顆豆大的淚珠從少年的眼中滑落。只剩一隻眼睛的母親站在面前，帶著慈愛的面容看著兒子。

「媽媽很抱歉。我本來想把兩隻眼睛都給你，可是如果我瞎了，我這個身體就會變成你的累贅……」

母親再也說不下去。

比起自己，母親更希望我們過上「好日子」。只要能達到這個期望，自己的犧牲就不算什麼了。我們的母親願意忍氣吞聲、委曲求全，只為了讓我們過上自己沒能過上的人生，享受自己沒能享受的事物，擁有自己沒能擁有的一切。

母親愛著我們的人生，勝過我們所愛的任何一切。

✦ 丟掉補品的瞬間，也把媽媽的心意丟掉了

我想和各位分享一個親身故事。高中的時候，我非常討厭苦到不行的中藥。每天一早出門上學，媽媽總會將一包補品放到我手上，我只覺得麻煩到不行。我曾經央求媽媽別再讓我吃補品，但是都拗不過媽媽的堅持。既然這場對決沒有勝算，那我只好使出旁門左道的方法。作戰計畫是先接下媽媽遞給我的補品，一到學校再偷偷丟掉。偶爾媽媽問我有沒有好好吃補品，只要稍微假裝一下，被發現的機率絕對是零。一點也不困難。

然而就在某天，我像往常一樣經過走廊，滿不在乎地將手中的補品丟進垃圾桶時，某人忽然叫住了我。

「是我看錯了嗎？為什麼要把沒開封的補品整個丟掉？」

是學校的體育老師。真尷尬，我嚇了一跳，立刻低下頭，扭扭捏捏了起來。正當我絞盡腦汁思考要用什麼藉口時，老師忽然徒手伸進垃圾桶內，在瞪大雙眼的我面前掏出一個又一個的垃圾。有結成一團的頭髮、上頭還留有口水的口香糖、發臭的衛生紙上黏著的黃痰，還有我剛才丟掉的補品。我繃緊神經，怕被老師責備，豈料老師什麼話都沒說，默默用外套袖子將補品包裝上的痰擦乾淨，接著遞給我煥然一新的補品。

「你丟掉的不是補品，是媽媽的心意，下次別再這樣了。」

我趕緊用怯懦的聲音應答，並且在老師面前把整包補品喝完，老師才放我走。後來仔細想想，覺得老師說得沒錯。其實那天我帶去學校的補品，是外婆原本為媽媽準備的，媽媽特地去藥房拜託，才換成了給我的補品。媽媽把子女的健康看得比自己的健康更重要，全心全意盼望著子女健康平安，我卻糟蹋了這樣的心意，每天早上把補品隨便丟進別人吐出的痰裡。意識到這件事後，我覺得抱歉又羞愧。

我沒有資格踐踏父母真心誠意準備的東西，「感恩」是我唯一必須抱持也應該抱持的心。

✦媽媽被蒙在鼓裡

在媽媽面前，我們總是喜歡無病呻吟。「你知不知道我今天有多認真讀書？」「我連喘口氣的時間都沒有，悶死了。」「你知道要上多少課嗎？你知道進度多快嗎？」和媽媽聊天的內容，一半以上都是習慣性的抱怨。說自己壓力大到快死了，說自己又累又痛苦，緊繃得快死了，都只是白白讓媽媽傷心而已。我也常做過，所以很清楚。

但是啊，坦白說我們沒有讀書讀到那種程度吧？雖然說一整天坐著，但也不是全部時間都在讀書。再說喘氣也是身體自己動的不是嗎？雖然上了很多課，真正認真聽課的沒幾堂，所以進度再怎麼快，對自己也沒什麼意義。我們承受的壓力並不像對媽媽說的那樣，是「過重的學業負擔造成的壓力」。更多的是明知道要讀書，卻一拖再拖，直到來不及才後悔的壓力，或是讀書之外的其他原因造成的壓力。又累又痛苦又緊繃的原因，也是差不多的。我也常做過，所以很清楚。

但是站在媽媽的立場，只能百分之百相信我們說的話。因為我們都是挑「媽媽無法親眼見證的時刻」說謊。明明在學校常常趴著睡，綽號被叫作「樹懶」，看到媽媽卻拚命喊累；明明一整天認真讀書的時間怎麼算也不到兩小時，看到媽媽卻說：「你知道我讀書有多辛苦嗎？」明明和朋友吵架，心情不好，連續幾天都沒讀書，看到媽媽卻說：「讀書壓力大到快死了。」

我們明明不那麼辛苦，只是隨口說說，媽媽卻深信不疑。我們沒什麼特別的意思，只是隨口抱怨，媽媽的心裡卻整天迴盪著我們的話。媽媽誤以為那些是我們發自內心的話。雖然嘴上常說「不相信」，不過媽媽必定是「世界上最相信子女話的人」。我們吐出的謊言讓媽媽心碎，因為媽媽光是想像我們痛苦的模樣，心裡就焦急得不得了。她們的心情，正如母鳥準備送走每天待在鳥巢內的雛鳥一樣。

再說了，如果我們不斷告訴媽媽自己有多累，我們的大腦也將對這個謊言信以為真。最後演變成沒有好好學習，只是和學習互相傷害而已。非常愚笨的行為。

我在戒掉「好累」的口頭禪後，一切豁然開朗。別讓「累死了」這句謊話欺騙媽媽和自己。越是把「好累」掛在嘴上，學習的心越快枯萎。戒掉開口閉口「好累」的習慣吧！就當是為了媽媽，也為了自己。媽媽因為我們編造的謊言而心痛不已，我們自己也因為毫無意義的壓力而承受著痛苦。

我們永遠是媽媽祈禱的第一人。我們是媽媽永遠擺脫不了的牽掛，卻也是能讓媽媽笑開懷的人。我們能讓媽媽成為世上最不幸的女人，也能讓媽媽成為世上最幸福的女人。我們必須懂得為自己的人生負責才行。

✦ 爸爸媽媽都是第一次「為人父母」

我並不期待自己會有多麼完美。雖然也想求好表現，不過難免有些地方不夠熟練。對我們而言，一切都是陌生的。就像十五歲是第一次，十六、十七、十八歲也都是第一次。就算自己犯了小錯，我們也不會責怪自己或埋怨自己。有表現不好的地方，我們也只是安慰自己

「下次會更好」，不當一回事。雖然我們對自己並不那麼滿意，不過知道自己有心努力，只是因為不熟練，不小心犯了錯而已。

但是這對爸爸媽媽來說，不也是一樣的嗎？爸爸媽媽也不是從父母養成學校畢業的啊。沒有經過練習，就把我們生下來了。從生下孩子的那一刻起，所有事情對爸爸媽媽而言都是陌生的。他們經常因為不夠熟練而犯錯、傷心。爸爸媽媽也像我們一樣，任何事情都是第一次。即便我們不是家中的老大，每個孩子的性格也都不同，爸爸媽媽都是第一次當不同孩子的父母。

我們一歲又一歲長大，長到十五歲的自己，再到十六、十七、十八歲的自己，而爸爸媽媽一年又一年扮演我們父母的角色，每年都是新的挑戰。在他們還不知道該怎麼管教我們才好的同時，我們越長越大，也越來越不聽話。當然，他們也想求好表現，可是他們不知道該怎麼做，才能扮演好父母的角色，只能像無頭蒼蠅般摸索。因為不熟悉、不熟練，教養上經常出現問題，他們也希望教養更加得心應手，卻還是失誤連連，沒辦法十全十美。

但是我們卻要求爸爸媽媽十全十美，希望他們隨時滿足我們的匱乏，不能讓我們感到一絲一毫的失落；希望不必等我們開口，他們就知道我們的想法，並且隨時察覺我們的情緒；也希望每次我們有需要的時候，爸爸媽媽都會待在那裡。稍有違背這些要求，我們便埋怨父母、怨恨父母。我們期待爸爸媽媽扮演好父母的角色，只要有任何不滿，就心生怨恨，甚至在心裡貶低他們努力到現在的人生。坦白說，爸爸媽媽不僅不完美，就連扮演好父母的角色都感到棘手。沒有人第一次就能把事情做好的。我們連對自己都不那麼滿意了，又怎麼會對爸爸媽媽滿意呢？

再說爸爸媽媽不僅要扮演父母的角色，也有自己的人生要過。媽媽面對人生第一次的四十五歲、四十七歲，也像我們一樣無助；爸爸面對人生第一次的四十九歲、五十歲，也一樣陌生、吃力。

想想我們心中「對爸爸媽媽的期待」，是不是訂得太高了？我們是否太草率認定「爸爸媽媽應該為我做到這樣」，又因為他們沒達到而暗自難過、怨恨？請多體諒爸爸媽媽吧。爸爸是第一次當我們的爸爸，媽媽也是第一次當我們的媽媽，雖然他們都想求好表現，但是事與願違，他們也非常難過。

我們怎麼對待不完美的自己，就怎麼對待爸爸媽媽吧。就算有時達不到我們的期待，也別因此埋怨他們、怨恨他們。「十全十美」這個錯誤的期待帶來的痛苦，最終受害最深的將是我們自己。

✦ 父親工作賺錢的意義

父親的背上
常有汗水味

當我痛苦的時候
奶奶去世的時候
母親難過落淚
但是父親沒有哭
只有背上傳來汗水味

如今我終於明白
再怎麼困難悲傷
父親只在心中哭泣

而心中的淚水
化作了父親背上的汗水
汗水正是心中的淚水

——河清鎬〈父親的背〉

父親工作賺來的錢，有著父親源自心中淚水的濃烈汗水味。對父親而言，賺錢豈是令人開心的事？賺錢豈是那樣輕鬆的事？

父親上班後，父親就不再是父親，而是上班族。整天工作開會，累得暈頭轉向，又不能準時下班，經常得留在漆黑的公司加班到深夜。父親有許多擔憂，只是父親總是裝作若無其事的樣子，所以我們不知道而已。但是父親的心裡不是那樣的。父親不會讓我們看見他下班時間身心俱疲，鬆開領帶，眼神茫然地望向窗外的模樣。父親希望在我們心目中，永遠是那樣強壯的父親。

讀書只要我們自己努力就好，但是公司業務不同。即使不是父親自己的錯，也可能被迫擔起上司或下屬，甚至是客戶的責任。我們讀書讀不好，不會被學校炒魷魚，但是父親可能因為非常小的錯誤，或是業界前途不明，或是被惡劣的上司盯上，而失去工作。父親要煩惱的事情，比我們多太多了。

公司裡有需要好好服侍的老闆和察言觀色的上司，父親既要對上司無聊的玩笑勉強擠出笑容，又要時時刻刻觀察老闆的心情，擔心老闆有任何不滿，還得同時完成好自己的業務。父親工作賺來的錢，不是在外面大聲嚷嚷就賺到的。那是父親勉強喝自己不想喝的酒，被迫承擔上司的過錯，又不能追究受到的委屈，只能降低自己的自尊，空虛的心靈無處安撫，一個人承受著內心的傷痛，才好不容易賺來的「珍貴收入」。我們只是個不成材的孩子，靠父親的自尊心吃好、穿好、睡好、學好。

父親自己開店做生意，生活也是一樣艱苦的。不然人們怎麼會說「要做生意，就要懂得放下面子」？父親開店做生意，怎麼可能永遠保持好心情呢？整天笑臉迎接顧客，並不是件容易的事，更多時候是令人沮喪的。有的客人趾高氣揚，一邊挑商品的瑕疵，一邊要求已經賣出的商品退款；有的客人不過待了一會，就把整間店弄得亂七八糟；也有的客人年紀跟自己孩子相近，說話卻毫不客氣，不懂得禮貌。可以的話，真想用力掐住他們的脖子，才能消除心頭之恨，但是父親沒有那麼做，只是繼續對客人鞠躬哈腰，笑著對客人說「沒事」，一邊按照客人的要求處理。「要感謝客人，養活了我們一家啊。」我們看得心裡難過，爸爸卻說要對客人心存感恩。

可是父親啊，除了您表現出來的模樣，您的心裡真的還好嗎？年紀越大，越難以忘卻父親偷偷在心裡哭泣的形象。當您笑著說「不要緊」的那一刻，心裡是否再也經不住而流下淚水？父親，請您老實說，您真的不要緊嗎？

我們只是個沒用的傢伙，靠父親心中的淚水吃好、穿好、睡好、學好。

父親的眼裡看不見淚水
父親喝的酒裡
一半是看不見的淚水
父親是最孤獨的人
儘管父親也可能是英雄

製作炸彈的人
守衛監獄的人
經營酒館的人

回到家，都是父親

——金顯承〈父親的心〉

✦ 對我們滿懷期待，才能堅持每一天的人

父親無時無刻不想著我們。他在所有人休息的公休日，大清早起床，揉著睜不開的眼睛的時候；用冰水盥洗的時候；走在人潮不如平日的冷清街道上的時候；坐在地鐵上，翻閱著和假日相關的報導的時候；嘆氣的時候，心裡都想著：「要是能找個別人在玩的時候，我也能和孩子一起玩的工作，該有多好……」

父親無時無刻不想著我們。他在蒸籠般炎熱的計程車裡，手握方向盤，整天坐在狹窄的空間內，用手揉捏僵硬的雙腿的時候；沒有客人，只能繼續繞著剛才經過的道路的時候；其他車子忽然插入，嚇了一跳的時候；嘴上唸著「差點就出事了」，一邊輕拍胸部的時候；看著掛在後照鏡上搖搖晃晃的孩子照片的時候；咀嚼著微溫的三角飯糰的時候，心裡都想著：「希望我的孩子有一天走遍這個寬廣的世界……」

父親無時無刻不想著我們。他在冬天嘴裡呼出白煙的工地裡，在紅腫的手背上塗著刺痛

的藥膏的時候；爬上搖搖晃晃的鐵架高處的時候；從高處俯瞰渺小的建築物的時候；緊張地進行危險的高空作業的時候，心裡都想著：「希望我的孩子過上溫暖安全的生活……」

在別人眼裡看來，我們也許只是眾多學生中的一人，我們在學校也可能沒什麼存在感，甚至時間一久，連我們自己都那麼想。但是對父親而言，完全不是那麼一回事。因為有我們，父親才有力量承擔「壓垮腰桿的生命重量」。我們是父親堅持每一天的能量來源，是讓父親感到無比踏實的支撐。父親因為我們而幾乎壓垮腰桿，卻也因為我們才能堅持下去。父親希望我們能過上他沒能過上的生活，希望我們享受他沒能享受的好處，希望我們擁有他沒能擁有的一切。這是父親的願望，只要能達成這個願望，任何事情都願意忍受的人。

這個人正是我們的父親。

一想到我們未來即將展開的人生，父親說話變得大聲，也充滿活力。因為對我們滿懷期待，父親才能堅持每一天。對子女的期待，讓父親充滿力量。

所以，我們不能剝奪了父親的期待。我們算什麼，怎麼能剝奪父親望子成龍，望女成鳳的心意呢？

請盡早報答父親，報答他對我們的期待吧，唯有這樣，父親才能堅持過孤單的每一天，我們也才能讓父親的每一分每一秒更加燦爛。因為子女累得半死，卻也因為子女而綻放光芒的人。

這個人正是我們的父親。

請盡早報答父親吧。父親對我們滿懷期待，我們無情地將它奪走。讓這個期待回到原本的位置，回到父親的內心深處吧。

✦我們每天都離孤兒更近一步

一名高中生在母親去世後，將這篇文字發表在網路上。

媽媽走了，但是媽媽做好放在冰箱的小菜還在，房間內還留有媽媽的味道。我媽已經走了。

我捨不得吃冰箱裡的小菜，就這麼放了幾個月，最後小菜壞了，我還是沒辦法丟掉。家裡每個角落都有媽媽生活的痕跡，我沒辦法打掃，也捨不得躺在媽媽房間的床上。只能坐在床邊，呆呆看著枕頭。

最讓人痛苦的，是媽媽的味道正在一點一滴消失。

所有人生來注定面臨成為孤兒的命運。我們最終都將成為孤兒，所有人只有兩種情況，不是爸爸媽媽已經離開，就是還沒離開。爸爸媽媽不可能永生不老，我們都無法擺脫成為孤兒的命運，差別只在順序而已。

我們的爸爸、媽媽不會永遠陪在我們身旁，因為死亡總有一天會降臨在爸爸媽媽身上。我們都希望那一天不會到來，然而父母經常來不及好好看我們過上什麼樣的生活，便已撒手人寰，獨留我們在人間，踏上沒有回頭路的旅程。那樣希望子女比自己過上更好生活的媽媽、用自己心中的淚水讓子女吃好、穿好、學好的爸爸，終將離開我們身邊。

「爸……」

我握住父親粗糙的大手，那是一雙讓子女吃好、用好、穿好、學好的手。感受著父親逐漸冰涼的手，我的內心一陣酸楚。

「爸，對不起……」

我將父親的手貼在自己臉上。整隻手逐漸僵硬，毫無力氣。那是一雙曾經用力抱起我的手，如果我做什麼值得讓他驕傲的事，會立刻跑來擁抱我的手。永遠站在我這邊的父親，正一點一滴地消失。

「爸，我愛你……」

我將耳朵輕輕靠在父親的胸膛上，聽不見任何聲音。父親那曾經感動我內心的期待，已經無聲消失，春陽般溫暖的愛也隨之停止。這時，我才意識到父親已經離開了，眼淚止不住地落下。

「媽！張開眼睛啊！聽得見我的聲音嗎？媽！」

每次我對媽媽抱怨「你知道我有多難過嗎？」「你什麼都不知道，每天只會那樣！」媽媽都在一點一滴地消失。

「拜託你張開眼睛一下！好嗎？」

希望子女比自己過上更好生活的媽媽，永遠離開了我的身邊。

「你就這麼走了，我該怎麼辦？媽……，媽！」

曾經因為我落淚的媽媽，她的期待也戛然而止。我顫抖著手，握住鐵鍬向媽媽安眠的地底深處撒上泥土，將媽媽掩埋在淒涼的墳墓裡。我可憐的媽媽。她終究沒能見證子女是否過上比自己更好的生活。

我們每天都離父母離開的日子越來越近。直到那個遭遇人生最大困境，內心痛苦悲傷的夜晚，我們再怎麼哭喊「媽媽！」也聽不到媽媽的回應，再怎麼呼喊「我今天終於做到了！」爸爸的嘴角也不會上揚了。到那時，我們才懂得後悔，才懂得懷念。懷念總是滿臉笑容看著我們的父母。

當我們反問自己「我是一個多麼失敗的孩子？」時，內心將隱隱作痛。不經大腦的口頭禪、狂妄的自尊心和無意義的反抗心理，在在令我們深感懊悔。直到後來我們才了解，爸爸媽媽傾注在我們身上的無盡關懷，是多麼純粹的愛；他們令人厭煩的干涉，是多麼無微不至的信任；比起自己的人生，爸爸媽媽是多麼重視我們的人生。也深深了解到爸爸媽媽的愛，將是我們永遠無法償還的債。

即便有一天母親的氣味消失得無影無蹤，即便爸爸再也無法撫摸我們的頭，我們仍將永遠懷念他們。

爸爸，媽媽。

我最愛的父母。

✦ 嘮叨之後的「……」話中的真正意義

父母作為我們人生的前輩，經常對我們感到焦慮。這是因為當他們回顧自己的人生時，如果有任何「早知如此，何必當初」的體悟，總想多告訴我們幾次。這不是因為我們表現不好，而是希望我們能過上更好一點的生活。爸爸媽媽要我們多讀書的嘮叨，其實是由兩個部分組成的，也就是「用耳朵聽的部分」和「用心聽的部分」。然而父母在說完「用耳朵聽的部分」後，卻沒有繼續進入「用心聽的部分」。

所以我們耳裡聽見的，只有前半部分的嘮叨。後半部分才是真正的內容，然而這些用耳朵是聽不見的，只有內心才聽得見。所以爸爸媽媽沒有說出口的「……」，必須懂得用心傾聽。這句話裡，隱藏著爸爸媽媽的肺腑之言。聽不見嘮叨之後的「……」，我們等於什麼都沒有聽見。

「兒子呀，要好好讀書……」

「最近學校功課怎麼樣？還好嗎？……」

「……」

「兒子呀，爸爸活到這把年紀，看盡了這個世界的殘酷。我們還沒準備好，就被丟進這個人生，過著艱難又沉重的生活。我常想過要放棄，也怨恨過爺爺。恨他為什麼沒有揍我，叫我要好好讀書。

「爸爸活到現在，覺得人生真是漫長。和漫長的人生相比，可以讀書的時間實在太短，一眨眼就結束。如果我的兒子虛度光陰，最後淪落到不得不放棄自己夢想的處境，或是為了混口飯吃，勉強做自己不喜歡的工作，爸爸會覺得非常空虛，像是心裡破了個洞一樣。

「因為你是我最寶貝的兒子，就算付出我的生命也無所謂。兒子呀，絕對不要過上爸爸這樣的生活，去闖出精采的人生吧。爸爸很沒用，能給你的只有嘮叨，心裡只有萬般的歉意。」

聽不見嘮叨之後的「……」，我們等於什麼都沒有聽見。

「兒子呀，要好好讀書……」

「最近學校功課怎麼樣？還好嗎？……」

「……」

我相信，你一定會成為「懂得用心傾聽父母教誨的人」。

Beyond Story

「吼，媽媽你每次都這樣！」

畢業旅行的前一天，一位女孩興奮不已。她希望去畢業旅行的時候，至少包包和鞋子要是新的，所以和朋友們約好放學後一起去百貨公司。當天一早睜開眼睛，她立刻去找媽媽。

「媽！可以給我零用錢買包包和鞋子嗎？」

「包包和鞋子都還好好的，為什麼還要買？」

「喔，又來了！給我零用錢啦！」

「這次不能直接去畢業旅行就好嗎？媽媽晚上煮好吃的豬排飯給你吃，好嗎？」

女孩因為媽媽不明白自己的心情，被怒氣沖昏了頭。她一邊大吼，一邊用力甩上門，頭也不回去了學校。

「吼，媽媽你每次都這樣！」

放學後，她跟朋友們去逛百貨公司。期間媽媽一直打電話來，女孩覺得不耐煩，直接將手機關機。之後回到了家，媽媽不在。

女孩隨手打開電視，並且將差點遺忘的手機開機。電視畫面上播放著新聞快訊，是地鐵發生火災，乘客死傷的消息。女孩嚇了一跳，看見手機上跳出兩通訊息。

「你怎麼都不接電話？媽媽現在手上拿著你的包包和鞋子喔。現在剛搭上地鐵〜」

「對不起，媽媽可能沒辦法給你包包和鞋子了。答應要做豬排飯給你吃的……女兒，對不起……女兒，媽媽愛你……」

那是媽媽去世之前，發給女兒的最後一通訊息。呆呆看著手機訊息的女兒，淚水瞬間奪眶而出。電視機裡傳出吵雜的鳴笛聲，在獨坐屋內的女孩耳邊迴盪著。

結語　相信，我相信，我相信你！

我想向各位介紹我高中體育老師，為《每一天，只要比昨天多用功5分鐘就好》總結。

老師是世界上最樂觀開朗的人。有一次，老師戴著他獨特的太陽眼鏡，坐在微風徐徐的樹蔭長椅上，看見高中一年級的我因為期末考搞砸而愁眉苦臉的樣子，不禁拍掌大笑。

「同學，你人生結束了嗎？笑一個啦。就當作反省自己的機會吧。」

還幽默地拿我的表情開玩笑。

「如果你的心不在這裡，就算坐整天也不算讀書。坐下來看書的時候，有空讀一下這本書吧。」

他拍拍我的肩膀，一邊把書遞給我，是一本關於「心靈管理」的書。接著沒來由地對我說：「我相信你！相信你可以的。」老師見我有些不知所措，眨著眼睛，又再一次堅定地告訴我：「我相信你一定可以的！」

沒頭沒腦地說什麼相信我？我無法理解到底是什麼意思。但是那本書真棒。那年夏天，每次坐下來讀書前，我都會讀那本書。覺得茫然無助的時候，也會一讀再讀。這是我第一次竭盡全力整頓自己的內心。後來在讀書前利用這本書清空內心，變成了一種慣例。所有雜念全都消失，內心完全沉澱後，就能專注於當下的學習。越是反覆進行這個慣例，成績的進步越明顯。後來老師又多給了我幾本類似的書籍，我也當作慣例繼續閱讀那些書籍。

老師是很調皮的人。有時學生恍神走在走廊上，老師會用力「啪」地拍一下背，再逃之夭夭。看到教室裡打瞌睡的同學，會悄悄靠近背後，把冰涼的可樂罐放進衣服，讓可樂罐滾下去。所有人因為大雪被困在學校的時候，會邀大家一起打雪仗，甚至記住所有學生的綽號，點名的時候從一號的綽號開始唸到最後一號。因為這樣，老師總是很關心我們。如果有學生腰痛到沒辦法讀書，他會每天親自來教室示範怎麼伸展，還幫學生按摩；雖然教的科目是體育，也會買許多數學題本和英文題本回來，利用時間寫題目。當然，他總是帶著調皮的笑容說：「我是為了多跟你們嘮叨才寫的，你們皮繃緊啊！」他也喜歡吃鯛魚燒和冰淇淋。看到我們垂涎欲滴的表情，他從不吝嗇分一半給我們吃，一邊哈哈大笑。

當然，他也會有勃然大怒的時候。例如我坐姿不端正、眼睛沒有好好看課本，或是我把家裡準備的補品整個丟掉的時候。那時的我還因此討厭老師，想說這種小事有必要對我發脾氣嗎？甚至在餐廳沒有把小菜吃完，還會被罵到臭頭。

他也曾經訓斥我們，說我們太執著於五分、十分的分數。「不要為了分數讀書，去好好了解讀書是為了什麼。」他也常把這句話掛在嘴上，說：「讀書讓我們在嚴酷的訓練中成長，讓我們更了解自己。」「讀書是讓靈魂更加強大的過程。」「讀書能磨練自己，讓自己成為偉大的人物。」他也說：「現在正是強化內心的絕佳機會。」

他最常說的，是「我相信你！」每次在路上遇見老師，他也常說：「我相信你一定會成為大人物。」老師口中的「相信」，和單純要我們認真讀書的嘮叨不一樣。高中三年來，他從沒說過一句「成績好」、「成績爛」、「要考〇〇大學」、「〇〇工作好」。他只期待我們成為大人物，要我們成為品行端正、意志堅定的人。他只期望我們鍛鍊自己、砥礪自己，朝成為大人物的目標前進。他不厭其煩地強調，那才是讀好書最「正確」的道路，也是最「快速」的道路。感謝這位義無反顧相信我的老師，我才能拿到優異的學測成績，申請的三間學校全都上榜。結果出來後，老師說的依然是那句話：

「我相信你！我完全相信，你一定會成為偉大的人物。」

在這本《每一天，只要比昨天多用功5分鐘就好》裡，有非常多我向老師學到的道理。多虧老師，我才第一次知道坐在書桌前，不必像發現獵物的獵犬一樣立刻進入學習狀態，而是要「先穩定內心」。也是在和老師聊天的過程中，我才學到「學習是鍛鍊自我、提升自我的過程」，以及「不必和別人競爭，和自己競爭」。我把「幫助所有人實現夢想」當作自己的使命，也是受到老師「大人物理論」的啟發，所以我其實還在老師的影響之下，沒有離開半步。

為了這本書，我準備了八年。寫作的過程中，我總是想像著體育老師戴著他獨特的太陽眼鏡，坐在微風徐徐的樹蔭長椅上，把這本書鋪在自己的屁股下，看見需要好好堅定內心的學弟妹，便把這本書掏出來送給學弟妹的場景。我永遠忘不了十年前的那天，從老師手上接過的那本心靈管理書，徹底改變了我的人生。

我撰寫這本書的目的，是希望這本書可以成為某人生命中微弱的火苗。我也曾幻想過，哪一天可以和老師、讀這本書的學弟妹聚在一起，三個人一邊吃著炸雞，一邊徹夜聊天。之後不知道過了幾天，傳來令人難以置信的消息。「體育老師過世了。」這個消息宛如晴天霹靂。

我怎麼也沒想到，老師年紀輕輕，竟然會走得這麼倉促。明明先跟我約定好，說願意相信我，直到我成為大人物，卻沒等到那一天就走了。

隨著年紀一歲一歲增加，守護初心變得越來越困難。這種時候，我總會想「我已經和老師約好，要成為偉大的人物」，靠著這唯一的想法堅持信念。可是現在老師走了，這個約定已經成為無法改變，也無法收回的約定。那些像我一樣內心搖擺不定，只能苦苦掙扎的學弟妹們，也同樣需要老師的教導啊。

其實我也希望成為堂堂正正的人，讓老師感到開心，只是能力有限，更多時候沒能做到。所以我曾經下定決心，一定要讓老師這麼稱讚我：「你這小子，看吧，我以前說什麼？我說我相信你可以的吧！」想要讓老師發出世界上最燦爛的微笑。我也期許自己到了足以回顧人生的年紀，再讓老師親自判斷我是不是成為了大人物。

如今，我只剩下難以捉摸的任務了。能判斷我表現好壞的老師已經不在人世，所以老師留給我的任務會變得多麼撲朔迷離，我已經不得而知。我所能做的，只有繼續回想老師總是義無反顧地相信我，讓我快要難以招架的身影，藉此堅持不懈地「磨練內心」，讓自己成為大人物。

這是老師留給我的任務。

「我相信你！相信你可以的！」老師宏亮的聲音至今仍在我耳邊迴繞。在為本書總結的此刻，我多麼想再見到老師一面。

承蒙老師的教誨，這次我願意相信各位，我相信正在閱讀這本書的你，我相信你會為唯一次的人生懷抱夢想，我相信你會有堅定的決心，我相信你會讓自己成為靈魂強大的人。我相信你會懂得享受美好的時刻。我相信你終將戰勝自己。我相信你會全然存在於「此時此地」。我相信你會培養好的習慣，並且珍惜善用今天。我相信你能找出辦得到的方法。我相信你會熱愛老師和父母。我相信你總有一天會成為大人物。

我相信你偶爾有搖擺不定、意志動搖的時刻，不過你會越挫越勇，勉勵自己東山再起。我相信你會熱切地愛著自己只有一次的人生。我相信你不會停止繼續成長的步伐。

我相信，你一定會成為那樣的人。

我相信你學習的心，並且堅信不疑。

因為在我寫這本書的時候，時時刻刻想著兩個人。

一位是我心中的體育老師，另一位正是你。

我要將這本不成熟的小書，獻給已故的沈載勤（音譯）老師。

是您最早讓我體悟學習的心有多麼重要，

是您每次在我學習的心搖擺不定的時候，嚴厲地訓斥我，

是您讓我終於明白學習的樂趣。

參考書籍

譯註：以下目錄含各語種書籍，若有中譯本，以中文譯本資訊為主，若中譯本繁多，以常見版本為主；若無中譯本，以原語種資訊為主，並參考韓文譯本書名；韓國作者名字除可確定漢字者外，其餘採音譯方式。

*傑克．倫敦著，吳凱雯譯，《野性的呼喚》（*The Call of the Wild*），晨星，二〇〇三年。

*傑克．倫敦著，陳榮彬譯，《深淵居民》（*The People of the Abyss*），群星文化，二〇一五年。

*傑克．倫敦著，《傑克．倫敦短篇小說選》。（譯註：該書由韓國 Kungree 出版社精選傑克．倫敦十二篇短篇小說翻譯出版，臺灣也有類似的傑克．倫敦短篇小說選，如崧博出版於二〇一七年出版的《傑克．倫敦短篇小說精選（雙語版）》（電子書），共收十六篇。不過韓國本與臺灣本並非同一本，兩國譯本同樣無原書，皆為該國出版社自編。）

*傑克．倫敦著，劉曉樺譯，《生火》（*To Build a Fire*），收入《野性的呼喚：傑克．倫敦小說選》，如果出版社，二〇一四年。

*托馬斯．艾克（Thomas Ayck）著，《*Jack London*》，（德國）rororo 出版社，一九七六年。

*金秀京（音譯）著，《世界上所有數學家的故事》，（韓國）Sodam 出版社，二〇〇七年。

*邁克爾·布拉德利（Michael J. Bradle）著，楊延濤譯，《數學的奠基者：10位近代數學家的故事》（*The Foundations of Mathematics*），（中國）上海科學技術文獻出版社，二〇一四年。

*朴安娜（音譯）著，《索菲·熱爾曼》，（韓國）Sallimbooks出版社，二〇〇八年。

*約安·詹姆斯（Ioan James）著，潘澍原等譯，《數學巨匠：從歐拉到馮·諾依曼》（*Remarkable Mathematicians : From Euler to von Neumann*），（中國）上海科技教育出版社，二〇一六年。

*歐森林（Lynn M. Osen）著，彭婉如、洪萬生譯，《女數學家列傳》（*Women in Mathematics*），九章，一九九八年。

*宋誠秀（音譯）著，《一本看完人文科學史》，（韓國）Bookshill出版社，二〇一二年。

*弗雷德里克·道格拉斯著，《美國奴隸弗雷德里克·道格拉斯的人生自述》（*Narrative of the Life of Frederick Douglass, an American Slave*），（美國）Anti-Slavery Office，一八四五年。

*康俊晚著，《美國史散步2》，（韓國）人物與思想社，二〇一〇年。

*鄭祥煥著，《黑色革命》，（韓國）NEXUS出版社，二〇一〇年。

*西門·麥爾（Simon Maier）、傑瑞米·寇迪（Jeremy Kourdi）著，《一百場偉大的演講》（*The 100: Insights and Lessons from 100 of the Greatest Speeches Ever Delivered*），（美國）Marshall Cavendish Intl，二〇一〇年。

*愛德華・漢弗萊斯（Edward Humphreys）著，《偉大的著名演說》（*Great Speeches: Words That Shaped the World*），（英國）Arcturus Publishing Ltd，二〇〇九年。

*康俊晚著，《美國是部連續劇》，（韓國）人物與思想社，二〇一四年。

*金晚奎（音譯）著，《學生軍呀，這場仗打得漂亮》，（韓國）學生義勇軍六二五參戰紀念事業會，一九七四年。

*朴英豪（音譯）著，《韓國戰爭的真相與學生軍故事》，（韓國）華南出版社，二〇〇九年。

*白善燁著，《如果我後退，就射殺我》，（韓國）中央日報社，二〇一〇年。

*李守洸（音譯）著，《為什麼我們著迷於歷史》，（韓國）SoulMate出版社，二〇一二年。

*夫昌玉著，《韓國戰爭手冊——一名學生軍的參戰日記》，（韓國）Hangeuru Media，二〇一二年。

*鄭哲洙著，《我的青春——一名學生軍走過的路》，（韓國）Chaeryun出版社，二〇一三年。

*柳次榮（音譯）著，《尚未結束的戰爭》，（韓國）21世紀軍事研究所，二〇一四年。

Next Generation 003

每一天，只要比昨天多用功5分鐘就好

首爾、延世大學學霸，撼動45萬韓國學子的反敗為勝讀書心法

2022年8月初版　　定價：新臺幣390元
2024年2月初版第五刷

著者	朴成赫
譯者	林侑毅
叢書主編	李佳姍
校對	陳嫺若
	陳佩伶
內文排版	江宜蔚
封面設計	Ivy Design

出版者	聯經出版事業股份有限公司
地址	新北市汐止區大同路一段369號1樓
叢書主編電話	(02)86925588轉5320
台北聯經書房	台北市新生南路三段94號
電話	(02)23620308
郵政劃撥帳戶第	0100559-3號
郵撥電話	(02)23620308
印刷者	文聯彩色製版印刷有限公司
總經銷	聯合發行股份有限公司
發行所	新北市新店區寶橋路235巷6弄6號2樓
電話	(02)29178022

副總編輯	陳逸華
總編輯	涂豐恩
總經理	陳芝宇
社長	羅國俊
發行人	林載爵

行政院新聞局出版事業登記證局版臺業字第0130號

本書如有缺頁，破損，倒裝請寄回台北聯經書房更換。　ISBN 978-957-08-6441-0 (平裝)
聯經網址：www.linkingbooks.com.tw
電子信箱：linking@udngroup.com

國家圖書館出版品預行編目資料

每一天，只要比昨天多用功5分鐘就好：首爾、延世大學學霸，撼動45萬韓國學子的反敗為勝讀書心法/朴成赫著．林侑毅譯．初版．新北市．聯經．2022年8月．280面＋8頁彩色．14.8×21公分
（Next Generation 003）
ISBN 978-957-08-6441-0（平裝）
[2024年2月初版第五刷]

1.CST：讀書法　2.CST：學習方法

176.3　　111010926

每天讓自己
變得更好

金句療癒小卡

人生中最適合讀書的日子就是今天 。

別羨慕「別人的東西」，拿出自己「內在已經有的東西」，
發揮自己還沒有全部用上的「潛力」吧。

只要你不放棄，晚或不晚一點也不重要。

我們的人生只有一次，既無法關機重啟，
也無法倒帶，更無法暫停。
學習是能讓我們的人生更加閃耀燦爛的「華麗探險」。

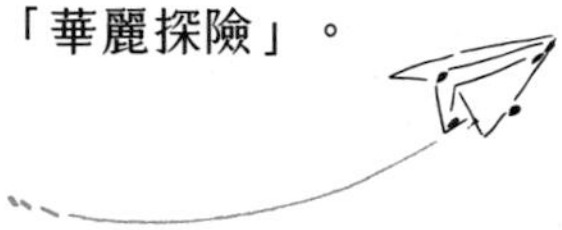

學習是「獨自」面對的挑戰。
雖然別人能勉強我們坐下，
但是坐下來可以學到什麼，學到多少，
完全取決於我們的內心。

無止盡和別人比較，只會讓自己的心情更糟糕。
請別讓自己受到「比較」的傷害，
別拿自己和別人做毫無意義的比較。

今天的我，只要贏過昨天的我就好了。
而明天的我，再贏過今天的我就可以。

比起執著於「自己無法改變的部分」，
能專心投入「自己可以改變的部分」的目標，
才是好的目標。

今天和我們的人生，不是互不相干。
如何度過今天的決定，將匯聚成我們的人生，
創造現在的我們。

我們無法變得和競爭對象一樣，
但是絕對能和「最好的自己」打成平手。

利用「行事曆」和自己訂下不可動搖的約定，
透過「工時表」分析如何提高學習效率，
再使用「計時器」延長自己真正專注學習的時間吧。

我們可以接觸、嘗試各式各樣的夢想，
但是在付出努力之前，這些夢想絕對不會是我們的。